불멸의 지혜

삶의 지침과
영감을 찾아 떠나는
지적 탐구의 여정

불멸의 지혜

Talmud

마빈 토케이어 *Marvin Tokayer* 지음

이에스더 옮김

유대인은 어떻게
세계를 움직이는 힘을
갖게 되었을까?

탐나는책

불멸의 지혜를 찾아 떠나는 지적 탐구의 여정

오늘날 유대인은 세계에서 가장 위대한 민족으로 인정받고 있다. 하지만 그들은 오랜 시간 세계 여러 나라에서 유래를 찾아보기 힘들 만큼 박해와 차별, 역경에 직면해 왔다. 이러한 어려움에도 불구하고 유대인 공동체는 고유의 문화와 정체성을 지키며 살아남아 오늘날 전 세계의 정치, 경제, 문화, 교육 등에서 가장 영향력 있는 민족이 되었다.

오라클의 설립자 래리 엘리슨, 구글의 공동창업자 래리 페이지와 세르게이 브린, 메타 최고경영자 마크 저커버그, 영화감독 스티븐 스필버그, 물리학자 아인슈타인, 전설적인 투자자 조지 소로스, 월가의 황제로 불리는 마이클 블룸버그 등 세계적으로 성공한 인물들의 공통점은 무엇일까?

그들이 모두 유대계 혈통이라는 점이다.

"전 세계 인구의 0.2%에 불과한 그들은 어떻게 고난과 역경을 극복하고 세계에서 가장 위대한 민족이 되었을까?"

강력한 신앙과 교육, 지식에 대한 강조, 단결력과 공동체 의식은 유대인들이 고난과 역경을 극복하고 성공한 대표적인 요인이라고 할 수 있으며, 이는 모두 『탈무드Talmud』에 근거하고 있다. 탈무드에서 시종일관 강조하는 것은 배움에 대한 것이다. 오랜 기간 이 민족의 박해와 침탈을 받아온 유대민족은 아무것도 소유할 수 없었고, 그들에게는 오직 지식과 지혜만이 유일한 생존 수단이었다. 이러한 교육적 바탕이 유대인들을 모든 분야에서 두각을 나타내게 했다. 오늘날 유대인은 세계에서 가장 많은 노벨상 수상자를 배출한 민족이 되었으며, 그들이 남긴 뛰어난 업적은 인류의 발전에 크나큰 공헌을 했다.

이 책의 저자 마빈 토케이어는 유대교의 랍비다. 그는 탈무드에서 가장 핵심적인 부분과 실생활에 적용할 수 있는 부분을 뽑아서 『불멸의 지혜』를 엮었다. 이 책에는 누구나 쉽게 접할 수 있도록 실제 사례와 함께 재미있는 우화도 실려 있다. 따라서 독자들은 『불멸의 지혜』에 실린 내용을 각자의 상황에 맞게 취하거나 버리면서 실생활에 활용한다면 지금보다 조금 더 나은 삶을 살게 될 것이다. 지금부터 탈무드에서 얻은 지혜의 태피스트리 속으로 여행을 떠나보자!

이 에스더

| 들어가며 | 불멸의 지혜를 찾아 떠나는 지적 탐구의 여정 4

1 유대인의 마음

미리 알아보기 12 / 세 랍비의 이야기 20
지붕 위에서 잠든 힐렐 21 / 착한 마음의 요한나 벤 자카이 25
유대 민족의 영웅, 아키바 28

2 유대인의 귀

요술사과 34 / 그릇 36 / 혀 1 37 / 혀 2 38 / 하느님이 맡긴 보석 39
어떤 유서 40 / 올바름의 차이 43 / 포도원 45 / 선과 악 46
나무의 열매 47 / 장님의 등불 48 / 일곱 번째 사람 49 / 약속 50
가정과 평화 52 / 지도자 54 / 현명한 행동 세 가지 56 / 나체 59
재산 60 / 천국과 지옥 61 / 세 사람의 친구 62 / 술의 기원 64
효도 65 / 어머니 66 / 처형 67 / 두 시간의 일 68
함께 살 수 없는 무리 69 / 일곱 가지 변화 70 / 영원한 생명 71
거미와 모기, 그리고 미치광이 72 / 도덕 이야기 74 / 사랑의 편지 77
남겨놓은 것 79 / 참된 이득 80 / 여성 상위 81 / 무일푼의 왕 82

만찬회 84 / 육체와 영혼 85 / 분실물 86 / 희망 88 / 반유대인 89

무언극 90 / 암시 92 / 마음 93 / 기도 94 / 암시장 95

시집가는 딸에게, 현명한 어머니가 96 / 숫자 97 / 사랑 100

비유대인 101 / 꿈 102 / 바보가 되는 부모 103 / 교육 105

공로자 106 / 병문안 108 / 결론 109 / 강자 110 / 칠계명 111

신 1 112 / 신 2 113 / 작별 인사 114 / 여섯째 날 115 / 향료 116

다시 찾은 지갑 117 / 솔로몬 왕의 재판 119 / 중용 121

감사 122 / 비즈니스 123 / 매매 126 / 토지 127

3 유대인의 눈

인간 130 / 인생 132 / 평가 134 / 여자 136 / 친구 138

우정 139 / 술 140 / 가정 141 / 돈 143 / 섹스 144 / 교육 145

악 147 / 중상 149 / 판사 150 / 동물 151 / 처세 152

4 유대인의 머리

사랑 160 / 죽음 161 / 진리라는 말 162 / 맥주 163 / 죄 164

손 165 / 스승 166 / 성스러운 것 167 / 증오 168 / 담장 172

학자 173 / 숫자 174 / 먹을 수 없는 것 175 / 거짓말 177

착한 사람 178 / 두두 179 / 두 개의 머리 180 / 간음 182

자백 183 / 성 184 / 동성애 187 / 사형 188 / 물레방아 189

계약 190 / 광고 192 / 소유권 194 / 두 개의 세계 197

5 유대인의 손

형제애 202 / 개와 우유 204 / 당나귀와 다이아몬드 206

벌금의 규칙 208 / 아기와 산모 211 / 불공정한 거래 213

위기를 벗어난 부부 215 / 고통받은 200만 원 217

단 하나의 구멍 220 / 개의 무리 223 / 부부간의 갈등 224

진실과 거짓 226 / 귀한 약 228 / 세 사람의 경영자 230

보트의 구멍 233 / 축복의 말씀 236 / 위생 관념 238

왜 우십니까? 239 / 어떤 농장 241 / 살아 있는 바다 243

6 유대인의 발

수난의 책 246 / 책의 내용 249 / 유대인의 생활 251

유대인의 장례 252

7 성서와 유대인

최초의 문자 258 / 토라 260 / 칠계명 265 / 추상 267

선택하는 것, 선택되는 것 269 / 사바스 271 / 자유 274

교육하는 어머니 275 / 천사 277

8 인간의 조건

탈무드적 인간의 원점 280 / 풍부한 아이디어의 보고 289

01

유대인의 마음

『탈무드』란 '위대한 연구'라는 뜻이다. 5,000년간에 걸쳐 유대 민족을 지탱해온 그들의 생활 규범이다. 탈무드의 문을 여는 것은 당신 자신의 마음이다. 그리고 탈무드의 마음을 붙잡는 것도 당신 자신의 명석한 두뇌와 부단한 노력에 의할 뿐이다.

어떤 사람이 유대인을 연구하기로 마음먹고 우선『구약성서』를 공부한 다음, 그것을 바탕으로 여러 가지 책을 읽어나갔다. 그러나 그는 유대인이 아니었기 때문에 유대인의 인간성을 잘 이해할 수 없었다. 그는 곧 유대인의 규범인 탈무드를 공부하지 않고서는 유대인을 이해할 수 없다는 걸 깨달았다.

어느 날 그는 랍비의 문을 두드렸다. 나중에 자세히 설명하겠지만, 랍비는 유대교의 승려다. 아니, 유대인에게 랍비는 단순히 승려라기보다 때로는 교사이고, 때로는 재판관이며, 때로는 어버이이기도 한 존재이다.

그를 맞이한 랍비가 말했다.

"당신은 탈무드를 공부하고 싶다고 말하고 있지만, 아직 탈무드를 펼칠 자격이 없소."

그러나 그 사람은 "저는 탈무드 공부를 시작하고 싶습니다." 하고 끈질기게 졸라대며 이렇게 말했다.

"제가 자격이 있는지 없는지는 시험해봐야 알 게 아닙니까? 저를 한번 테스트해주십시오."

랍비는 그렇게까지 말한다면 간단한 시험문제를 하나 내겠다고 하고서는, 다음과 같은 문제를 내놓았다.

"두 명의 소년이 여름방학 때 집 굴뚝을 청소했다. 한 아이는 얼굴이 새까맣게 되어 굴뚝에서 내려왔고, 다른 아이는 얼굴에 그

을음 하나 묻히지 않고 깨끗한 얼굴로 내려왔다. 당신은 어느 아이가 얼굴을 씻을 것이라고 생각하는가?"

그 남자는 "물론 얼굴이 더러운 아이가 씻겠죠."라고 대답했다. 랍비는 차갑게 "그렇기 때문에 당신은 아직 탈무드를 펼칠 자격이 없소."라고 말했다. 남자는 "그러면 답은 무엇입니까?" 하고 물었다. 그러자 랍비는 "당신이 만약 탈무드를 공부할 마음의 자세가 되어있다면 이렇게 답할 것이오."라고 말하면서 다음과 같이 설명했다.

"두 명의 소년이 굴뚝을 청소하고서 한 명은 깨끗한 얼굴로, 한 명은 더러운 얼굴로 내려왔다. 얼굴이 더러운 아이는 얼굴이 깨끗한 아이를 보고서 자기 얼굴도 깨끗하다고 생각할 것이다. 얼굴이 깨끗한 아이는 상대방 아이의 얼굴이 더러운 것을 보고서 자기 얼굴도 더럽다고 생각할 것이다."

그러자 그 남자는 갑자기 "아, 그렇군요." 하고 외치면서, "한 번만 더 시험문제를 내주십시오."라고 말했다. 랍비는 또다시 똑같은 질문을 했다.

"두 명의 소년이 굴뚝을 청소하고서 한 아이는 깨끗한 얼굴로, 또 한 아이는 더러운 얼굴로 내려왔다. 어느 아이가 얼굴을 씻을 것이라고 생각하는가?"

그 남자는 이미 답을 알고 있으므로 "물론 얼굴이 깨끗한 아이가 얼굴을 씻겠죠."라고 대답했다. 그러자 랍비는 다시 차갑게 "당신은 아직 탈무드를 공부할 자격이 없소."라고 말했다. 남자는 크게 낙담하여 "그러면 탈무드에서는 도대체 어떻게 말하고 있습니까?"라고 물었다. 랍비는 이렇게 대답했다.

"두 명의 소년이 똑같은 굴뚝을 청소한 것이므로, 한 아이의 얼굴은 깨끗하고 또 한 아이의 얼굴은 더럽게 되어 내려올 수는 없는 일이오."

이것은 최근에 있었던 이야기다. 어느 유명한 대학교수 한 분이 나에게 전화를 걸어왔다. 탈무드를 연구하고 싶으니까 하룻밤만이라도 시간을 내달라는 것이었다. 나는 즉시 좋다고 했다. 그리고 정중히 다음과 같은 대답을 해주었다.

"좋습니다. 언제라도 시간을 내지요. 그러나 그 대신 오실 때는 트럭을 가지고 오십시오."

탈무드는 모두 20권, 1만 2,000페이지에 달하며 단어 수 250만 개 이상, 중량 75kg이나 되는 방대한 것이기 때문이다.

탈무드란 무엇인가. 어떻게 해서 만들어졌는가, 어떠한 책인가 등을 설명하기란 대단히 어려운 일이다. 너무 단순화시켜 설명하다 보면 탈무드가 무엇인가를 왜곡하게 되고, 또한 너무 상세히 설명하려면 한이 없기 때문이다.

탈무드는 책이 아니다. 이것은 문학이다. 1만 2,000페이지는 B.C. 500년부터 A.D. 500년까지 구전되어 내려오던 것을 10년 동안 2,000명의 학자들이 편찬한 것이다. 동시에 이것은 현대의 우리들까지 지배하고 있으므로, 말하자면 유대인 5,000년의 지혜이며 온갖 정보의 저수지라고도 말할 수 있다. 그러나 이것은 정치가·사업가·과학자·철학자·부호·저명인 등이 만든 것이 아니다. 학자에 의해 문화·도덕·종교·전통이 전달된 것이다.

이것은 법전은 아니지만 법을 이야기하고 있다. 역사서가 아니지만 역사를 이야기하고, 인명사전은 아니지만 많은 인물들의 이야기가 나온다. 또한 백과사전은 아니지만 백과사전과 똑같은 역할을 하고 있다. 인생의 의미는 무엇인가? 인간의 위엄이란 무엇인가? 행복이란 무엇인가? 사랑이란 무엇인가? 5,000년에 걸친 유대인의 지적 재산, 정신적 자양이 여기에 들어 있다.

진정한 의미에서 탁월한 문헌이며 장려한 문학의 모자이크다. 서양 문명의 근본적인 문화양식과 사고방식을 이해하기 위해서는 탈무드를 보지 않으면 안 될 것이다.

이 책의 원류는 『구약성서』이며, 고대 유대인의 사상이라기보다는 『구약성서』를 보충하고, 더 나아가 『구약성서』를 확장한 것이라고 하는 편이 옳다. 그리스도교도들은 그리스도 출현 이후의 유대 문화는 모두 무시하고자 했고 탈무드의 존재를 인정하기를 완강히 거부해왔다.

탈무드는 글로 쓰이기 전에는 구전으로 교사에 의해서 학생들에게 전해졌다. 그렇기 때문에 많은 부분이 질문과 대답의 형식을 취하고 있다. 그 내용의 범위는 대단히 넓고, 온갖 테마가 히브리어와 아랍어로 말해지고 있다. 그리고 글로 쓸 때에는 구두점 같은 것은 일체 없었으며, 서문도 후기도 없이 오로지 내용만 있는 것이었다.

탈무드는 대단히 방대한 분량으로 여기저기 흩어져 있었다. 유대인들은 탈무드의 여러 가지 귀중한 부분이 없어지는 것을 막기 위하여 전승자들을 한곳으로 모았다. 이때 전승자 가운데 머리가 좋은 사람은 일부러 제외시켰다고 한다. 그것은 그들이 자신의 의견을 덧붙임으로써 전승을 왜곡시킬 것을 두려워했기 때문이다.

이리하여 수백 년 동안 구전되어온 탈무드의 편찬이 여러 도시에서 추진되었다. 오늘날에는 『바빌로니아 탈무드』와 『팔레스타인 탈무드』 두 개가 존재하고 있는데, 『바빌로니아 탈무드』가 더 중요시되고 가장 권위가 있다고 인정되고 있다. 그러므로 탈무드라고 하면 일반적으로 『바빌로니아 탈무드』를 가리킨다.

탈무드 속에 있는 말들은 이스라엘어를 비롯하여 바빌로니아어 · 프랑스어 · 독일어 · 스페인어 · 북아프리카어 · 터키어 · 폴란드어 · 러시아어 · 이탈리아어 · 영어 · 중국어 등으로 번역되었다. 모든 위대한 나라에서 이 탈무드가 연구되었고, 사람들은 읽은 후에 새로운 말을 덧붙였다. 탈무드의 새로운 판은 마지막 페이지가 반드시 백지로 남겨져 있는데, 이것은 탈무드는 언제나 덧붙여 쓸 여지를 남겨 놓고 있다는 것을 상징한다.

탈무드는 읽는 것이 아니다. 이것은 배우는 것이다. 나의 어린 딸은 내가 아침 일찍 일어나 탈무드를 공부하고 있는 것을 본 후 3시간이 지난 뒤에 돌아와 방 안을 들여다보아도 내가 아직 15개 정도의 단어밖에 읽지 못하고 있는 모습을 자주 보게 된다. 그러나 이 15개 단어를 자신이 이해하고 그 의미를 완전히 파악하는 것은 자신의 인생 경험을 매우 풍부하게 해주고, 사물에 대한 자기 자신의 사고방식을 확립케 하며, 아주 좋은 기분으로 자신을 만족하게 해준다. 사고능력 혹은 정신을 단련시키는 데 있어 이것만큼 좋은 책은 없으리라 믿어 의심치 않는다.

따라서 탈무드는 '유대인의 영혼'이라고 말할 수 있다. 오랜 이산의 역사를 걸어온 유대 민족에게 자신들을 결속시켜 주는 것은 탈무드뿐이었다. 오늘날 모든 유대인을 탈무드의 연구자라고는 말할 수 없다. 그러나 정신적 자양분을 탈무드에서 취하고 있으며, 거기에서 생활의 규범을 구하고 있는 것은 사실이다. 그것은 유대인의 일부가 되고 있으며, 유대인이 탈무드를 지켜왔다고 하기보다도 탈무드가 유대인을 지켜왔다고 말할 수 있다.

본래 탈무드라고 하는 것은 '위대한 연구', '위대한 학문', '위대한 고전 연구'라는 의미를 가지고 있다. 어느 권을 펼쳐보아도 반드시 두 번째 페이지에서부터 시작하고 있다. 그것은 탈무드를 읽지 않았어도 당신은 이미 탈무드의 연구자라는 것을 의미한다. 첫째 페이지에는 당신의 경험이 기록되지 않으면 안 되는 것이다.

유대인은 탈무드를 일컬어 '바다'라고도 부른다. 바다에는 거대한 온갖 것들이 있으며, 물 밑에 무엇이 있는지 정확히 알 수가 없기 때문이다. 그러나 탈무드가 그렇게 방대하다고 해서 미리부터 겁먹을 필요는 없다. 탈무드에는 다음과 같은 이야기가 있다.

두 남자가 긴 여행으로 인해 몹시 허기져 있었다. 어떤 집에 들어가자 맛있는 과일이 바구니에 담겨 천장에 매달려 있었다. 한 남자는 "과일을 먹고 싶기는 한데 너무 높이 매달려 있어서 꺼내 먹을 수가 없구나."라고 말했다. 그러나 또 한 사람은 "정말 먹음직스럽구나. 내 꼭 저걸 먹고야 말겠다. 확실히 높은 곳에 매달려 있기는 하지만, 거기에 매달려 있다는 것은 분명히 전에 누군가가 거기에 매달아놓았다는 얘기다. 우리라고 해서 저기에 손이 닿지 말란 법은 없다."라고 생각하고, 사다리를 찾아내 걸어놓고 한 발 한 발 밟고 올라가 과일을 꺼내왔다.

탈무드가 아무리 위대한 것이라 해도 우리와 똑같은 인간이 만든 것이므로, 같은 인간인 우리가 그것을 자신의 것으로 만들지 못할 이유가 없다. 다만 한 발 한 발 사다리를 밟아 올라가지 않으면 안 된다는 얘기일 뿐이다.

여러분을 격려하기 위하여 나는 이렇게 말하고 싶다. 여러분이 알고 있는 세계의 위인들을 한 방에 모아놓고, 어딘가에 설치해둔 녹음기로 이 위대한 인물들이 수백 시간에 걸쳐서 이야기한 내용을 녹음했다고 하자. 그것은 대단히 귀중한 것이다. 탈무드는 그것에 필적할 만큼의 매력을 갖고 있다. 한 페이지를 펼쳐든 것만으로도 위대한 인물들이 1,000년 동안 이야기해온 소리를 들을 수 있을 것이다. 이 책에서 나는 그 안내 역할을 맡으려 한다.

세 랍비의 이야기

내가 탈무드의 신학교에 갔을 때 면접시험에서 "당신은 무엇 때문에 이 학교에 들어오고 싶어 하는가?"라는 질문을 받았다. 나는 "이 학교가 좋기 때문에 들어가고 싶습니다."라고 말했다. 그러나 시험관은 "만약 당신이 공부를 하고 싶어 한다면 도서관으로 가는 것이 나을 것이다. 학교는 공부하는 곳이 아니다."라고 말했다. 그 말에 나는 반대로 시험관에게 "그렇다면 왜 나는 학교에 들어갈 필요가 있는 것입니까?"라고 물었다. 그가 말했다.

"학교라고 하는 것은 위대한 사람의 앞에 마주 앉는 것이다. 그들의 살아 있는 본보기에서 배운다. 학생은 위대한 랍비와 교사를 지켜봄으로써 배워가는 것이다."

여기에 나는 탈무드에 나오는 위대한 세 명의 랍비를 소개하고자 한다.

지붕 위에서 잠든 힐렐

힐렐은 2,000여 년 전에 바빌로니아에서 태어났다. 20세가 되었을 무렵, 그는 이스라엘로 와서 두 명의 위대한 랍비 밑에서 공부했다. 당시는 로마의 지배하에 있었기 때문에 유대인의 생활은 지극히 어려웠다. 그는 생활을 유지하기 위해 생활비를 벌러 나갔으나 하루에 동전 한 닢밖에는 벌 수가 없었다. 그 동전의 반은 자신의 최저 생활을 유지하는 데 쓰였고, 나머지 반은 수업료로 쓰였다.

그는 일거리를 못 구해서 돈을 벌지 못했으나 어떻게 해서라도 학교의 강의를 듣고 싶었다. 그래서 어느 날 그는 학교의 지붕 위로 올라가 굴뚝에 귀를 대고 한밤중에 교실에서 행해지는 강의를 들었다. 그는 어느새 지붕 위에서 잠들어버렸다. 한겨울의 추운 밤이었으며, 때마침 내리기 시작한 눈이 그의 몸을 덮었다.

아침이 되어 또다시 수업이 시작되었다. 그런데 교실이 다른 때보다 어두워서 모두 천장을 쳐다보니, 천장에 붙어 있는 채광용 유리창이 어떤 사람에 의해 가려져 있었다. 곧 힐렐은 끌어내려졌다. 그의 몸은 따뜻이 녹여지고, 간호를 받아 회복되었다. 그 일로 인해 그는 수업료를 면제받게 되었다. 그 후로 유대 학교의 수업료는 무료가 되었던 것이다.

힐렐의 말은 가장 많이 이야기로 전해 내려왔으며, 그리스도의 말도 실은 힐렐의 말을 단순히 인용하고 있는 것이 많다. 그는 천

재이며, 매우 온순하고 예의 바른 사람이었다. 그리고 랍비의 대승정이 되었다.

한번은 유대인이 아닌 사람이 찾아왔다. 그는 힐렐에게 "내가 한쪽 다리로 서 있을 수 있는 시간 동안에, 유대의 학문을 모두 가르쳐보시오."라고 말했다. 그때 힐렐은 "당신이 부탁받고 싶지 않은 것을 남에게 부탁하지 말라."라고 대답했다.

또 한번은 힐렐을 화나게 할 수 있는가 없는가를 가지고 사람들이 내기를 걸었다. 안식일을 맞이하기 위해 금요일 밤에 힐렐이 목욕탕에 들어가 목욕을 하고 있을 때, 한 남자가 문을 노크했다. 힐렐은 젖은 몸을 대충 닦고 옷을 걸친 후 문을 열고 나왔다. 그러자 그 남자는 "인간의 머리는 왜 둥글까요?" 하는 따위의 무의미한 질문을 잇달아 퍼부었다. 힐렐이 대답해주고 다시 목욕탕으로 되돌아오면, 그 남자가 또 들어와서 문을 노크하고는 "흑인은 왜 검을까요?" 하는 따위의 어리석은 질문을 되풀이했다. 왜 검은가를 애써 설명한 뒤 다시 목욕탕으로 돌아오면 곧 또다시 문 두드리는 소리가 나곤 했다. 이렇게 다섯 번이나 되풀이되었다. 마지막에 그 남자는 힐렐을 향하여 "당신 같은 인간은 없었으면 좋겠소. 나는 당신 때문에 내기에서 큰 손해를 보게 되었소."라고 말했다. 그러자 힐렐은 "내가 인내력을 잃는 것보다 당신이 돈을 잃는 쪽이 낫소."라고 말했다.

또 한번은 힐렐이 급히 길을 걷고 있었다. 학생들이 그를 발견하고 "선생님, 무슨 일로 그렇게 급히 가십니까?"라고 묻자, 힐렐은 "좋은 일을 하기 위하여 급히 가고 있는 중일세."라고 답했다. 학생들이 모두 그 뒤를 따라갔더니 힐렐은 공중목욕탕에 들어가 몸을 씻기 시작하는 것이다. 학생들이 놀라서 "선생님, 이것이 선행입니까?"라고 묻자, 힐렐은 이렇게 말했다.

"인간이 자신을 청결하게 하는 것은 커다란 선행이다. 로마인을 보라. 로마인은 많은 동상을 닦고 있는데, 인간은 동상을 씻기는 것보다 자신을 씻는 편이 훨씬 좋은 것이다."

이 밖에도 힐렐은 여러 가지 위대한 말을 남기고 있다. 씹으면 씹을수록 맛이 우러나는 것뿐이다.

✤ 당신이 지식을 늘리지 않는다는 것은 결국 지식을 줄이고 있다는 것이 된다.

✤ 자신의 지위를 여러 사람들에게 알리고자 하는 사람은 이미 인격을 스스로 손상시키고 있는 것이다.

✤ 상대방의 입장에서 보지 않고서 그 사람을 판단하지 말라.

✤ 배우고자 하는 학생은 부끄러움을 느껴서는 안 된다.

✤ 인내력이 없는 사람은 교사가 될 수 없다.

✤ 만약 당신 주위에 뛰어난 사람이 없다면, 당신 자신이 그렇게

되지 않으면 안 된다.

✤ 자신이 자신을 위하여 노력하지 않는다면, 누가 당신을 위하여 노력해주겠는가?

✤ 지금 그것을 하지 않는다면, 언제 할 수 있는 날이 있겠는가?

✤ 인생의 최대 목적은 평화를 사랑하고, 평화를 구하고, 평화가 찾아오게 하는 것이다.

✤ 자기 일만을 생각하는 인간은 자기 자신일 자격조차 없다.

착한 마음의 요한나 벤 자카이　　　———　✳

　요한나는 유대 민족이 사상 최대의 정신적 위기에 직면했을 때
크게 활약한 랍비다.

　A.D. 70년 로마인이 유대의 사원을 파괴하고 유대인을 절멸시
키려 했을 때, 그는 온건파였다. 그래서 강경파에서는 늘 이 랍비
의 행동을 감시했다.

　요한나는 유대 민족이 영원히 살아남기 위해서는 어떻게 해야
하는가를 필사적으로 생각하고 있었다. 마침내 그는 로마의 장군
과 어떠한 일에 대하여 담판을 짓지 않으면 안 된다고 생각하게
되었다. 그런데 그 무렵 유대인은 모두 예루살렘 성 안에 갇혀 있
었기 때문에 나올 수도 들어갈 수도 없었다. 요한나는 속임수를
써서 성을 빠져나가기로 결심하고, 우선 환자로 가장했다. 그는 대
승정이었으므로 많은 사람이 그의 병상으로 위문을 왔다. 이윽고
그가 곧 죽을 것이라는 소문이 퍼지고, 뒤이어 그가 죽었다는 소
문이 널리 퍼졌다.

　제자들은 그를 관 속에 넣은 뒤 성안에는 묘지가 없었으므로
그를 성 밖에 매장할 수 있도록 허가를 신청했다. 그러나 강경파
수비병들은 랍비가 정말 죽었는지 믿을 수 없다며, "칼로 시체를
한번 찔러봐야겠다."라고 말했다. 유대인은 절대로 시체를 눈으로
보지 않는 것이 관습이므로 칼로 관을 찔러보고자 했던 것이다.
"그것은 죽은 자를 모독하는 것이다."라고 제자들은 필사적으로

항변했다. 보통 유대인의 장례 관습은 관을 밖에 방치해두는 것이었으나 제자들은 "랍비는 대승정이므로 확실하게 매장하지 않으면 안 된다."라고 우겨, 결국은 로마군의 전선 쪽을 향해 가게 되었다.

그런데 전선을 막 통과하려 했을 때 로마병도 역시 "관을 칼로 찔러봐야겠다."라고 말하면서 칼로 찌르려고 했다. 제자들은 일제히 "로마 황제가 죽었다 해도 당신들은 관을 칼로 찔러보도록 되어 있는가? 우리들은 전혀 무장도 하지 않고 있는데."라고 주장하며 맞섰다. 그렇게 해서 마침내 전선을 통과하는 데 성공했다.

랍비는 관을 열고 나와서 사령관에게 면담을 요청했다. 그는 로마 사령관의 눈을 똑바로 쳐다보면서, "나는 당신에게 로마 황제를 대하는 것과 똑같은 경의를 표합니다."라고 말했다. 황제라고 불린 사령관은 황제를 모욕했다며 화를 벌컥 냈다. 그러자 랍비는 "아닙니다. 내가 말하는 것을 믿어주십시오. 당신은 반드시 다음 번의 로마 황제가 되실 것입니다."라고 단언했다. 그러자 사령관은 "당신의 말을 알아들었소. 그런데 원하는 것이 무엇이오?"라고 물었다. 랍비는 "한 가지 부탁이 있습니다." 하고 대답했다.

여기서 여러분이라면 무엇을 부탁했을지 한번 생각해보기 바란다. 랍비의 부탁은 다음과 같았다.

"집에서라도 좋습니다. 열 명 정도의 랍비가 들어갈 수 있는 학교를 하나 만들어주시고, 그것만큼은 파괴하지 말아주십시오."

랍비는 조만간 예루살렘이 로마에 의해 점령되고 파괴될 것을 알고 있었다. 대학살이 일어날 것도 예상하고 있었다. 그러나 학교만 있다면 유대인의 전통은 살아남는다고 생각했던 것이다.

사령관은 "좋소, 그렇게 해 드리겠소." 하고 말했다. 얼마 후에 로마의 황제가 죽고 이 사령관이 황제가 되었다. 황제는 로마병에게 "작은 학교 하나만은 남겨두라."라고 명령했다.

그때 그 작은 학교에 남았던 학자들이 유대의 지식, 유대의 전통을 지켰다. 전쟁이 끝난 후에도 유대인의 생활양식은 그 학교가 계속 지켜가게 되었다.

그는 "착한 마음을 갖는 것이 최대의 재산이다."라고 말했다.

유대교의 제단에는 돌밖에는 사용되지 않는다. 금속은 절대로 쓰지 않는다. 왜냐하면 금속은 무기를 만들 수 있는 것이기 때문이다. 제단은 신과 인간 사이에 평화를 가져다주는 것이며, 동시에 신과 인간 사이를 연결하는 상징이다. 즉, 말을 하지 못하는 돌일지라도 신과 인간 사이를 연결할 수 있는 것이다.

"당신은 인간이기 때문에 남편과 아내 사이, 나라와 나라 사이에 평화를 가져다줄 수 있다."라는 것은 요한나의 말이다.

유대 민족의 영웅, 아키바

아키바는 탈무드 가운데 가장 존경받고 있는 랍비다. 그는 유대인의 민족적 영웅이기도 하다.

그는 큰 부잣집에서 양치기로 고용되어 일하고 있었다. 그러는 사이에 주인집 딸과 사랑하게 되어 부친의 반대를 무릅쓰고 두 사람은 결혼했고, 딸은 내쫓기는 처지가 되었다. 그는 학교에 다니지 않았기 때문에 책을 읽을 수 없었다.

아내는 남편에게 "꼭 한 가지 부탁이 있습니다. 공부를 하도록 하세요."라고 말했다. 그래서 그는 어린이들과 함께 학교에 다니게 되었다. 그가 13년간 학교에서 공부하고 돌아왔을 때, 그는 당대 최고 학자로서 명성을 얻고 유명해져 있었다. 후일 탈무드의 최초의 편집자가 되었는데, 그는 의학·천문학을 공부하고 많은 외국어를 말할 수 있었기 때문에 여러 번 유대인의 사절로 발탁되어 로마에 다녀오기도 했다.

A.D. 132년, 유대인이 로마의 지배에서 벗어나기 위해 반란을 일으켰을 때 그는 유대인의 정신적인 지도자였다.

이 반란이 진압되자 로마인은 학문을 하는 유대인은 누구든 사형에 처할 것이라고 선포했다. 그들은 유대인이 전통적인 책을 공부함으로써 참다운 유대인이 된다는 것을 알고 있었기 때문이다. 이때 랍비 아키바는 다음과 같은 여우 이야기를 했다.

어느 날 여우가 시냇가를 걸어가다가 물고기들이 허둥지둥 헤엄쳐 돌아다니고 있는 모습을 보게 되었다. 여우가 "왜 그렇게 허둥지둥 급하게 헤엄쳐 다니고 있는 거야?" 하고 묻자, 물고기들은 "우리를 잡으러 올 그물이 무섭기 때문이죠."라고 대답했다. 그러자 여우는 "그렇다면 이리로 나와 있겠니? 언덕으로 올라오면 내가 지켜줄 테니까 걱정할 것 없어."라고 말했다. 이 말에 물고기는 이렇게 대꾸했다.

"여우님, 당신은 아주 머리가 좋다고 다들 말하고 있지만, 실은 아주 어리석군요. 우리들은 이제까지 살아온 물속에서조차 이렇게 무서워하고 있는데, 언덕에 올라가면 어떻게 죽을지 모르지 않습니까?"

"유대인에게 있어서 학문은 물과 같은 것인데, 거기에서 떠나 언덕으로 올라간다면 죽어버리고 말 것이다. 유대인은 어디까지나 배우지 않으면 안 된다."라고 아키바는 말했다.

로마인에게 붙잡힌 아키바는 투옥되고 이윽고 로마에 끌려가서 처형될 것이 확정되었다. 그때 로마인은 그를 십자가에 매달아 죽이는 것은 너무 편하게 죽이는 것 같다며, 더욱 가혹하게 죽이기 위해 불에 달군 인두로 온몸을 지져 태워 죽이기로 했다.

처형이 집행되는 날, 아키바는 유대인의 지도자이기 때문에 로마의 사령관이 현장에 입회했다. 때마침 아침 해가 산 위로 떠오르고, 아침 기도를 시작하려고 할 시간이었다. 랍비는 새빨갛게

달구어진 인두를 온몸에 받으면서 아침 기도를 올리기 시작했다.

이 광경을 본 로마의 사령관은 놀라서 눈을 크게 뜨고 물었다.

"너는 이렇게 혹독한 지경에 처해 있으면서도 여전히 기도를 올리느냐?"

그러자 랍비는 이렇게 대답했다.

"나는 하느님을 사랑하기 때문에 아침 기도를 거르는 일이 없소. 이제 이렇게 죽는 순간까지 하느님께 기도를 올릴 수 있는 내 자신에게서 진실로 하느님을 사랑하는 모습을 발견하게 되어 정말 기쁘오."

이렇게 조용히 대답하며 랍비는 생명의 등불을 끄고 있었다.

02

유대인의 귀

귀에는 듣는 사람의 의지와 관계없이 온갖 정보가 들어온다. 중요한 것은 무엇을 선택하느냐이다. 이 장에는 탈무드의 이야기 중 누구에게나 흥미 있을 듯한 일화들만 선택하여 모았다. 일화는 사고의 재료이다. 맛있게 만드는 것도, 딱딱하게 굽는 것도 요리를 하는 여러분의 손에 달려 있다.

요술사과

어떤 임금에게 딸이 하나 있었다. 딸은 중한 병에 걸려 곧 죽을 수밖에 없는 처지였다. 의사는 묘약을 쓰지 않는 한 살 가망이 없다고 말했다. 그래서 임금은 딸의 병을 고쳐주는 자에게는 딸을 주고, 아울러 다음 왕위를 물려주겠다고 포고했다.

먼 지방에 세 명의 형제가 있었다. 그중 한 사람이 망원경으로 그 포고문을 보았다. 그리고 그녀를 동정하여 어떻게든 세 사람이 공주의 병을 고쳐보자고 상의했다. 한 사람은 요술담요를 갖고 있었고, 또 한 사람은 요술사과를 가지고 있었다. 요술사과를 먹으면 어떠한 병도 낫는다. 그리하여 세 사람은 요술담요를 타고 왕궁으로 가서 공주에게 사과를 먹게 했다. 그러자 공주는 씻은 듯이 병이 나아 모두들 매우 기뻐했고, 임금은 잔치를 베풀어 새 사위를 발표하려고 했다. 그러자 삼형제 중 첫째가 말했다.

"내가 망원경으로 보지 않았다면 우리들은 이곳에 오지 못했을 것이다."

둘째가 말했다.

"요술담요가 없었다면 누가 뭐래도 이렇게 먼 곳까지 올 수가 없었을 것이다."

셋째가 말했다.

"만약 요술사과가 없었다면 어떻게 공주님의 병을 낫게 할 수 있었겠는가?"

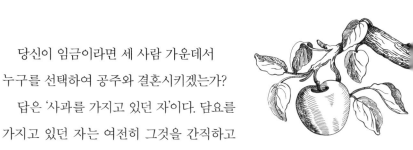

당신이 임금이라면 세 사람 가운데서
누구를 선택하여 공주와 결혼시키겠는가?

답은 '사과를 가지고 있던 자'이다. 담요를
가지고 있던 자는 여전히 그것을 간직하고
있었고, 망원경을 가지고 있던 자도 역시 그랬다. 사과를
가지고 있던 자는 사과를 줘버렸으므로 아무것도 가지고 있지 않
았다.

그는 모든 것을 공주를 위하여 줘버렸다. 탈무드에 의하면 '무
엇인가를 해줄 때는 모든 것을 거기에 바치는 것이 가장 중요
하다'는 것이다.

그릇

대단히 총명하기는 하나 못생긴 랍비 하나가 로마 황제의 공주와 만났다. 공주는 "대단한 총명함이 이렇게 형편없는 그릇에 담겨 있다니."라고 말했다. 랍비는 "왕궁 안에 술이 있습니까?"라고 물었다. 공주가 고개를 끄덕이자, "어떤 그릇에 넣어두고 있습니까?"라고 다시 물었다.

공주가 "보통의 항아리나 물통 같은 그릇에 넣어두고 있습니다."라고 하자, 랍비는 놀라는 체하며 "로마의 공주님이라면 적어도 금이나 은으로 된 그릇들도 많을 텐데 어찌하여 그런 형편없는 그릇을 사용하고 계십니까?"라고 말했다.

그래서 공주는 이제까지 금이나 은 그릇에 들어 있던 물은 보잘것없는 그릇에 옮기고, 싸구려 그릇에 들어 있던 술은 금은 그릇에 넣었다. 그러자 술맛이 변하고 맛이 없어졌다.

왕이 화를 내며 "누가 이런 데에 술을 넣었느냐?" 하고 묻자, 공주는 "그렇게 하는 것이 어울릴 것 같아서 제가 그랬습니다."라고 말했다. 그리고 나서 공주는 랍비가 있는 곳으로 가서 "랍비여, 어찌하여 당신은 나에게 이런 일을 권했습니까?" 하면서 화를 냈다. 랍비는 이렇게 대답했다.

"나는 다만 당신에게 대단히 귀중한 것이라도 싸구려 항아리에 넣어두는 쪽이 좋은 경우도 있다는 것을 가르쳐주고자 했을 뿐입니다."

혀 1

어느 장사꾼이 "인생의 비결을 살 사람 없습니까?"라고 큰 소리로 외치며 길을 걸어가고 있었다. 거리의 사람들이 인생의 비결을 사기 위해 하나둘 모여들었다. 그중에는 랍비도 몇 사람 끼어 있었다. 모두들 어서 팔라고 조르자 그 사람이 말했다.

"인생을 참되게 살아가는 비결이란 자신의 혀를 주의하여 사용하는 것입니다."

어떤 랍비가 하인에게 시장에 가서 뭐든 맛있는 것을 사오라고 했다. 하인은 혀를 사왔다.

이틀 후에 그 랍비는 같은 하인에게 오늘은 싼 음식을 사오라고 말했다. 그랬더니 또 혀를 사왔다.

그래서 랍비가 물었다.

"맛있는 것을 사오라고 했을 때도 혀를 사오더니, 값이 싼 것을 사오라고 시켰는데도 또 혀를 사오니 도대체 어찌 된 일이냐?"

그러자 하인이 대답했다.

"혀가 아주 좋은 경우는 그보다 좋은 것이 없고, 또 나쁘면 이만큼 나쁜 것도 없습니다."

하느님이 맡긴 보석

메이어라 불리는 랍비가 안식일에 교회에서 설교를 하고 있었다. 마침 그때 집에서는 그의 두 아들이 숨졌다. 아내는 두 아들의 시체를 이층으로 옮겨놓고 하얀 천으로 덮어두었다.

랍비가 돌아오자 아내가 물었다.

"당신에게 물어볼 것이 있어요. 어떤 사람이 나에게 대단히 귀중한 보석을 맡겼는데 어느 날 갑자기 그 보석을 돌려달라고 했어요. 그럴 때 나는 어떻게 하면 좋을까요?"

그러자 남편은 "그것을 곧 주인에게 돌려주시오."라고 대답했다. 그러자 부인은 이렇게 말했다.

"실을 방금 하느님께서 우리에게 주셨던 귀중한 보석 두 개를 하늘로 도로 갖고 가셨어요."

랍비는 그 뜻을 알아차리고 아무 말도 하지 못했다.

어떤 유서

예루살렘에서 멀리 떨어진 지방에 살고 있던 한 어진 유대인이 아들을 예루살렘에 있는 학교에 입학시켰다. 아들이 학교에 다니면서 공부하는 사이, 아버지는 병석에 눕게 되어 아무래도 아들을 못 볼 것 같다고 생각하고 유서를 썼다. 유서는, 전 재산을 한 노예에게 주되 다만 재산 중에서 아들이 원하는 것을 오직 하나만 아들에게 주라는 내용이었다.

마침내 아버지가 죽자 노예는 자신의 행운을 기뻐하며 예루살렘으로 급히 가서, 아들에게 부친의 사망을 알리고 유서를 보여주었다. 아들은 대단히 놀라며 슬퍼했다.

장례식이 끝나자, 아들은 앞길이 막막하여 앞으로 어떻게 하면 좋을까 하고 곰곰이 생각했다. 그는 랍비의 집에 찾아가 그간의 일을 설명하고 불평을 했다.

"아버지는 왜 저에게 유산을 남기지 않으셨을까요? 저는 한 번도 아버지를 화나게 한 적이 없는데요."

그러자 랍비가 말했다.

"아닐세. 자네의 아버님은 아주 현명했고, 또 자네를 마음속 깊이 사랑하고 있었네. 이 유서를 보면 그것을 잘 알 수 있지 않은가?"

이에 아들이 말했다.

"노예에게 전 재산을 주고 제게는 아무것도 남겨주지 않았으니, 애정도 없고 어리석은 행위였다고밖에는 생각되지 않습니다."

랍비가 말했다.

"자네도 자네 아버지만큼 현명하게 머리를 써보게. 아버지가 무엇을 바라고 있었는가를 생각해보면 자네에게 훌륭한 유산을 남겨주었음을 깨닫게 될 걸세."

자, 당신 같으면 이 유서에서 무엇을 취할 것인가. 랍비는 아들에게 다음과 같이 이야기했다.

"부친은 자신이 죽을 때 아들이 없었으므로 노예가 전 재산을 가지고 도망가거나, 함부로 재산을 써버리거나, 자기가 죽은 것조차 아들에게 알리지 않을지도 모른다고 생각하고, 전 재산을 우선 노예에게 준 것이네. 재산을 전부 주면 노예는 기뻐서 급히 자네를 만나러 갈 것이고, 재산도 소중하게 관리할 것이라고 생각한 것이지."

아들이 말했다.

"그것이 제게 무슨 소용이 있습니까?"

랍비는 이렇게 대답했다.

"젊은이는 역시 지혜가 부족하군. 노예의 재산은 전부 주인에게 속한다는 것을 모르는가. 자네 아버님은 하나만 자네에게 준다고 하지 않았는가. 자네는 노예를 선택하면 되는 거야. 그러니 이것이 야말로 부친의 애정 어린 현명한 생각이 아니고 무엇이겠는가?"

젊은이는 그제야 아버지의 진실을 깨닫고 랍비가 말한 대로 하고 나중에 노예를 해방시켜주었다. 그리하여 이 이야기는 속담이 되어 '나이 든 자의 지혜는 당할 수 없다'라는 말로 전해지고 있다.

올바름의 차이

알렉산더 대왕이 이스라엘에 왔을 때의 일이다. 유대인이 대왕에게 "우리가 가지고 있는 금과 은을 보고 싶지 않습니까?"라고 물었다. 대왕이 말했다.

"나는 금과 은은 많이 가지고 있으므로 조금도 갖고 싶은 생각이 없소. 다만 당신들의 관습과 당신들이 생각하는 올바름이란 어떤 것인가를 알고 싶소."

대왕이 머물고 있는 동안 때마침 두 남자가 랍비에게 상담을 하러 왔다. 그중 한 사람이 다른 한 사람에게서 쓰레기 더미를 샀는데, 그 남자는 쓰레기 속에 많은 액수의 동전이 섞여 있는 것을 발견했다. 그래서 그가 판 사람에게 말했다.

"나는 이 쓰레기만 산 것이지 동전에 대해서는 값을 치르지 않았소."

그러나 판 남자가 말했다.

"내가 당신에게 판 것은 쓰레기 더미 전부이니 그 속에 들어 있는 것은 무엇이든지 당신의 것이오."

그 말을 듣고 랍비는 이렇게 판정을 내렸다.

"당신에게는 딸이 있고, 또 당신에겐 아들이 있지요. 그렇다면 두 사람을 결혼시켜 그들에게 그 동전을 주는 것이 옳을 것이오."

그 후 랍비는 알렉산더 대왕에게 물었다.

"대왕, 당신의 나라에서는 이러한 경우, 어떻게 처리합니까?"

대왕은 아주 간단하게 대답했다.

"우리 나라에서는 두 사람을 죽이고 내가 동전을 갖습니다. 이것이 나에게 있어서의 올바름이오."

포도원

옛날에 여우 한 마리가 포도원 옆에 서서 어떻게든 그 안에 들어가려고 했다. 그러나 울타리가 처져 있어서 좀체 들어갈 수가 없었다. 그래서 여우는 3일간 단식을 하여 살을 뺀 다음 가까스로 울타리 사이를 비집고 들어가는 데 성공했다. 포도원에 들어간 여우가 실컷 먹고 나서 막상 포도원에서 다시 나오려고 했을 때는 배가 불러서 울타리를 빠져나올 수가 없었다.

그래서 할 수 없이 또 3일간 단식하고 몸의 살을 뺀 후 빠져나왔다. 그때 여우는 이렇게 말했다.

"결국 배고픈 것은 들어갈 때나 나올 때나 똑같게 되었군."

인생도 이와 똑같은 것이다. 벌거벗은 채로 태어나 죽을 때도 똑같이 벌거벗은 채로 죽지 않으면 안 된다.

사람은 죽어서 가족과 부, 선행, 이 세 가지를 세상에 남긴다. 그러나 선행 이외의 것은 별로 대단한 것이 아니다.

선과 악

대홍수가 지구를 삼켜버리던 때, 모든 동물이 노아의 방주로 몰려들었다. '선'도 급히 달려왔다. 그러나 노아는 다음과 같이 말하며 선을 태우기를 거절했다.

"나는 한 쌍으로 된 것 외에는 태우지 않기로 했다."

선은 숲으로 되돌아가서 자기의 짝이 될 만한 것을 찾아보았다. 그것은 '악'이었다. 그래서 악을 데리고 배에 올랐다. 그때부터 선이 있는 곳에는 어디에나 악이 따라다녔다.

나무의 열매

어떤 노인이 정원에서 묘목을 심고 있었다. 마침 그곳을 지나가던 한 여행자가 물었다.

"당신은 도대체 언제쯤이나 그 나무에서 열매가 열릴 것이라고 생각하고 계시오?"

노인은 "아무래도 70년은 지나야 될 것 같소."라고 대답했다. 그 여행자는 "당신이 그렇게 오래 살 것 같습니까?"라고 물었다. 노인은 이렇게 대답했다.

"아니오, 그렇지 않소. 내가 태어났을 때 과수원에는 열매가 주렁주렁 열려 있었소. 그것은 내가 태어나기 전에 아버님이 나를 위하여 어린 나무를 심어놓았기 때문이오. 그것과 똑같은 일이지요."

장님의 등불

어떤 남자가 칠흑같이 어두운 밤길을 걸어가고 있었다. 그때 저쪽 편에서부터 장님이 등불을 들고 걸어왔다. 남자가 의아하게 생각하고 물었다.

"당신은 장님인데 왜 등불을 들고 다니시오?"

장님은 이렇게 대답했다.

"내가 이것을 들고 다니면 성한 사람들이 내가 걸어가고 있다는 것을 알게 되기 때문이오."

일곱 번째 사람

어떤 랍비가 "내일 아침에는 여섯 사람이 모여서 어떤 문제를 해결할 것입니다."라고 말했다. 그런데 다음 날 아침에 보니까 일곱 사람이 모여 있었다. 누군가 부르지 않은 사람이 한 명 더 와 있었던 것이다. 랍비는 그 일곱 번째의 사람이 누군지 알 수 없었다. 랍비가 말했다.

"여기엔 초청을 받지 않은 사람이 한 사람 있습니다. 그분은 곧 돌아가주시오."

그러자 그중에서 가장 유명한 인물이며, 누가 생각해도 초청받을 만한 사람이 일어나서 나갔다. 그는 왜 그랬을까? 그것은 초청을 받지 않았거나, 또는 어떤 착오로 인해 오게 된 사람이 굴욕감을 느끼지 않도록 하기 위해서 자기가 나갔던 것이다.

약속

아름다운 아가씨가 자기 가족들과 함께 가족 여행을 하고 있었다. 어느 날 잠시 혼자서 돌아다니다가 길을 잃고 한 우물가까지 오게 되었다. 그녀는 목이 말랐으므로 두레박을 타고 우물 밑으로 내려가 물을 마셨다. 그런데 도로 올라갈 방도가 없어 도움을 청하기 위해 큰 소리로 울었다.

마침 한 젊은 남자가 그 근처를 지나다가 그녀를 도와주었고 두 사람은 사랑을 맹세하는 사이가 되었다.

어느 날 젊은 남자는 길을 떠나지 않으면 안 될 사정이 생겨 그녀와 이별의 인사를 나누며 서로 정조를 지킬 것을 굳게 약속했다. 그와 그녀는 결혼하게 되는 날까지 언제까지라도 기다리자고 서로 약속했다.

두 사람은 혼인을 약속하였고, 누군가 증인이 되어주었으면 좋겠다고 남자가 말했을 때, 마침 족제비 한 마리가 그들 곁을 지나 맞은편 숲속으로 달려갔다. 그녀는 "저 족제비와 우리 곁에 있는 이 우물이 증거예요."라고 말하고, 두 사람은 헤어졌다.

몇 해가 지나서도 그녀는 한결같이 정조를 지키면서 그를 기다리고 있었지만, 그 남자는 멀리 떨어진 지방에서 결혼하여 아들도 낳고 즐거운 생활을 하고 있었다.

어느 날 그의 아들이 놀다 지쳐서 풀밭에 누워 잠이 들었을 때, 족제비가 잠든 아들의 목을 물어 아들은 죽고 말았다. 그의 부모는 대단히 슬퍼했다. 그러나 그 후 아들을 또 하나 낳았고 그는 다시 행복하게 살았다.

자라서 걸어 다닐 수 있게 된 아들이 우물가로 갔다. 우물에 여러 가지 모습이 비치는 것이 재미있어서 그것을 들여다보다가, 아들은 우물에 빠져 결국 죽고 말았다. 그 아이의 아버지는 옛날 아가씨와 맺은 약속을 생각해냈고, 그때 족제비와 우물을 증인으로 삼았던 것도 기억해냈다.

그는 아내에게 그것을 이야기하고 그녀와 이혼했다. 그는 아가씨가 있는 마을로 돌아왔다. 아가씨는 여전히 홀로 그를 기다리고 있었다. 두 사람은 결혼하여 행복하게 살았다.

가정과 평화 ───── ✳

　메이야는 연설을 아주 잘하는 랍비로 알려져 있었다. 그는 매주 금요일 밤에 교회에서 설교를 했다. 수백 명이나 되는 사람들이 그의 설교를 들으러 왔다. 그 가운데 그의 설교를 대단히 좋아하던 한 여자가 있었다. 유대의 여자들은 금요일 밤에는 다음 날의 안식일을 위해 요리를 준비하는 것이 관습이었는데도, 그 여자는 그의 설교를 들으러 왔다. 오랫동안 진행된 그의 설교에 그녀는 만족해하며 집으로 돌아왔다. 그런데 남편이 대문에서 그녀를 기다리고 있다가, 내일이 안식일인데 아직 요리를 준비해두지 않았다고 투덜거리면서 화를 냈다.

　"당신은 도대체 어디 갔다 오는 거요?"

　그녀가 말했다.

　"교회에 가서 랍비 메이야의 설교를 듣고 왔어요."

　그러자 그는 대단히 화를 내며 말했다.

　"당신이 랍비의 얼굴에 침을 뱉고 오기 전까지는 집에 들어올 수 없소."

　그래서 그녀는 친구와 함께 교회로 되돌아가게 되었다.

　메이야는 이 이야기를 듣고 자기의 설교가 지나치게 길어서 한 가정의 평화가 깨졌다는 것을 깨닫고, 그녀를 부른 후 눈이 아프다고 탄식하면서 이렇게 말했다.

　"이것은 물로 씻는 것보다 침으로 씻어내는 것이 더 좋지 않겠소? 그렇게 하면 약이 될 것이오. 당신이 좀 씻어주시오."

그래서 그녀는 그의 눈에 침을 뱉었다. 그러자 제자들이 물었다.

"선생님은 대단히 고명한 랍비이신데, 어찌하여 여자더러 얼굴에 침을 뱉게 하십니까?"

랍비는 이렇게 대답했다.

"가정의 평화를 도로 찾기 위해서는 무엇이든지 하지 않으면 안 된다."

지도자

뱀이 있었다. 그런데 뱀의 꼬리는 언제나 머리 뒤에 붙어서 따라다니게 마련이었다. 어느 날 마침내 꼬리가 불만을 터뜨리면서 머리에게 말했다.

"어째서 나는 언제나 너의 뒤에만 붙어 다녀야 하고, 네가 늘 나 대신 의견을 말하고 갈 곳을 정하는가? 이것은 아주 불공평하다. 나도 뱀의 일부인데 언제나 노예처럼 따라만 다니는 것은 말도 안 된다!"

머리가 대꾸했다.

"아니, 어리석기 짝이 없는 말만 하는구나. 너는 앞을 볼 수 있는 눈도 없고, 위험을 알아차릴 수 있는 귀도 없으며, 행동을 결정해줄 두뇌도 없지 않은가? 나는 결코 나 자신만을 위하여 행동하는 것이 아니라, 너를 생각하고 있기 때문에 너를 인도하는 것이다."

꼬리는 큰 소리로 웃으며 말했다.

"그런 소리는 귀가 아프도록 들었다. 어떤 독재자도, 어떤 억압자도 모두 말로는 그를 따르는 자들을 위하여 일하고 있다고 하지만, 실제로는 자기 마음 내키는 대로 하는 것이다."

머리가 말했다.

"그렇게까지 말한다면, 지금부터는 네가 내 역할을 해라."

그러자 꼬리는 기뻐하면서 앞장서서 나아갔다. 그러나 곧 구덩

이에 빠지고 말았다. 머리가 여러 모로 애쓴 끝에 간신히 구멍에서 빠져나올 수 있었다.

잠시 후에 꼬리는 가시가 무성한 덤불 속으로 들어가고 말았다. 꼬리가 초조해하면 할수록 더욱 덤불 속으로 빠져 들어가게 되어 어찌할 바를 몰랐다. 결국 머리의 도움을 받아 상처투성이가 된 채 가시덤불에서 간신히 빠져나왔다. 꼬리가 또 앞장서서 나갔는데, 이번에는 불 속으로 들어가고 말았다. 몸이 점점 뜨거워지더니, 갑자기 주위가 어두워졌다. 뱀은 두렵기 시작했다. 다급해진 머리가 필사의 노력을 해보았으나 허사였다.

몸은 불타고 머리도 함께 죽고 말았다. 머리는 결국 맹목적인 꼬리 때문에 죽게 되었다. 지도자를 선택할 때에는 언제나 머리와 같은 사람을 고르고 꼬리 같은 자를 골라서는 안 되는 것이다.

현명한 행동 세 가지 ——— ✻

예루살렘에 사는 사람이 여행을 하다가 병이 났다. 그는 자신이 더 이상 살 수 없다고 판단하고 여관 주인을 불러 말했다.

"내가 이제 죽게 되면 나의 죽음을 알려, 예루살렘에서 누가 오거든 내가 가진 물건을 그에게 전해주시기 바랍니다. 왜냐하면 나는 여행을 떠나기 전에 아들에게 만약 내가 여행 중에 죽게 되어 나의 재산을 상속받으려면 세 가지 현명한 행동을 하지 않으면 안 된다고 말했기 때문입니다."

마침내 그 남자는 죽고 유대의 예법에 따라 매장되었다. 동시에 마을 사람들에게 그의 죽음이 발표되었고, 예루살렘에 심부름꾼이 보내졌다.

아들은 예루살렘에서 아버지의 부음을 듣고 아버지가 죽은 마을의 성문 근처까지 왔다. 그러나 그는 아버지가 죽은 집을 알지 못했다. 왜냐하면 아버지는 죽으면서 그의 아들에게 자기가 죽은 집을 알리지 말도록 유언했기 때문이다. 아들은 스스로 그 집을 찾아내지 않으면 안 되었다. 마침 나무꾼이 나무를 잔뜩 지고 지나갔다. 아들은 그를 불러 세우고 나무를 산 뒤, 예루살렘에서 온 사람이 죽은 집으로 그 나무를 가져가자고 말하고는 그 나무꾼의 뒤를 따라갔다.

여관 주인이 "나는 나무를 살 생각이 없소."라고 말하자, 나무꾼은 "아니오, 내 뒤에 오는 사람이 이 나무를 사서 이곳으로 가져가라고 했습니다.”라고 말했다. 이것이 첫 번째 현명한 행동이었다.

여관 주인은 그를 기쁘게 맞고서 저녁을 준비해 왔다. 식탁에는 오리 다섯 마리와 닭 한 마리가 요리되어 있었다. 그리고 집주인과 그의 아내, 두 아들, 두 딸 등 일곱 명이 식탁에 앉았다.

주인이 “자, 음식을 모두 나누어주십시오.”라고 말하자, 그는 “아닙니다. 당신이 주인이니까 그것은 당신이 하시는 것이 좋지 않겠습니까?”라고 말했다. 그러나 주인은 “당신이 손님이므로 당신이 나누어주는 것이 좋겠습니다.”라고 말했다. 아들은 음식을 나누기 시작했다. 우선 오리 한 마리를 두 아들에게 주었다. 또 한 마리의 오리는 두 딸에게 주었고, 주인 부부에게도 오리 한 마리를 주었다. 두 마리의 오리는 그가 가졌다. 이것이 두 번째 현명한 행동이었다.

주인은 이것을 보고 아주 어리둥절한 얼굴을 했으나, 아무 말도 하지 않았다.

다음에 아들은 닭을 나누기 시작했다. 우선 머리를 부부에게 주었다. 두 아들에게는 다리를 주었다. 두 딸에게는 날개를 주고, 나머지 몸통 전체는 그가 가졌다. 이것이 세 번째의 현명한 행동이었다.

마침내 주인은 성을 내며 “당신 나라에서는 이와 같이 한단 말이오? 당신이 오리를 나눌 때는 그래도 기다려보았지만, 닭을 나누는 것을 보니 더 이상 참을 수가 없소. 도대체 이것은 무엇을 뜻하는 거요?"라고 큰 소리로 외쳤다.

그 아들은 이렇게 말했다.

"나는 음식 나누는 일을 맡고 싶지 않았습니다. 그러나 당신이 억지로 시켰으므로 나는 최선을 다하려고 마음먹었습니다. 당신과 부인과 오리 한 마리로 셋, 두 아들과 오리 한 마리로 셋, 두 딸과 오리 한 마리로 셋, 그리고 오리 두 마리와 나로 셋이 됩니다. 이것은 아주 공평합니다.

또 당신은 이 집의 첫째가는 가장이므로 닭의 머리를, 두 아들은 이 집의 기둥이므로 다리를 갖게 하였습니다. 두 딸에게 날개를 준 것은 이제 날개를 달고 좋은 집으로 시집갈 것이기 때문입니다. 나는 배를 타고 여기에 왔고, 또 배를 타고 돌아가야 하므로 몸통 부분을 가진 것입니다. 빨리 내 부친의 유산을 주십시오."

나체

한 남자가 어떤 여자를 짝사랑하게 되었다. 그러다가 마침내 그 남자가 병이 들었다. 의사는 진찰을 하고 난 뒤, "이것은 당신의 마음속에 맺힌 것이 풀리지 않아서 생긴 병이므로, 그 여자와 성관계를 가지면 반드시 나을 것입니다."라고 말했다.

그래서 남자는 랍비에게 가서 의사의 처방을 말하고 어떻게 했으면 좋겠느냐고 상의를 했다. 랍비는 그러한 성관계는 결코 가져서는 안 된다고 말했다.

그래서 그는 자신의 울적함을 달래기 위해 여자가 실오라기 하나 걸치지 않은 상태로 그의 앞에 서 있게 하여 병이 치료되게 하는 것은 어떤지 물어보았으나, 랍비는 그것도 역시 안 된다고 말했다.

그러면 그와 그녀가 담 너머로 서로 마주보면서 이야기를 나누면 어떤가 하고 물었으나, 랍비는 그것도 안 된다고 말했다.

물론 탈무드에는 이 여자가 결혼한 여자인지 처녀인지에 대해서는 분명하게 언급되어 있지 않다. 그 남자가 랍비에게 왜 당신은 그토록 완강하게 모든 것에 반대하느냐고 물었을 때, 랍비는 이렇게 대답했다.

"인간은 정조를 지키지 않으면 안 된다. 인간이 만약 생각만으로 깊이 빠져 있다 해서 곧 성관계를 가진다면 사회의 규율은 지켜지지 않을 것이다."

재산

어떤 배 위에서의 이야기다. 손님들은 대부분 갑부였고 그중에는 랍비도 한 사람 타고 있었다. 부자들이 서로 재산을 자랑하자 랍비는 "나는 내가 가장 부자라고 생각하고 있지만 지금은 여러분에게 그 재산을 보여줄 수 없소."라고 말했다.

마침 해적이 그 배를 습격하여 부자들은 금, 은, 보석 등 모든 재산을 잃어버렸다. 해적이 떠난 뒤, 배는 간신히 어떤 항구에 닿았다. 랍비는 그 항구 사람들에게 높은 교양을 인정받아, 학교에서 학생들을 모아 가르치기 시작했다.

얼마 후 랍비는 함께 배를 탔던 그 갑부들을 만났다. 그들은 모두 비참하게 몰락해 있었다. 랍비를 만나자 그 사람들이 말했다.

"확실히 당신 말이 맞았습니다. 교육을 받은 자는 모든 것을 갖고 있는 것과 같습니다."

이로부터 지식은 언제나 빼앗기는 일 없이 가지고 다닐 수 있기 때문에 교육이 가장 중요한 것이라는 말이 생겨났다.

천국과 지옥

어떤 남자가 아버지께 닭고기를 대접했다. 아버지는 "이 닭을 어디서 구했느냐?" 하고 물었다. 아들이 "아버님, 그런 것에는 신경 쓰지 마시고 많이 드시기나 하세요."라고 말했으므로 아버지는 아무 말도 하지 않았다.

또 한 명의 남자는 물레방앗간에서 밀가루 빻는 일을 하는데, 왕이 명령을 내려 나라 안에 있는 방앗간 일꾼을 전부 모이게 했다. 아들은 아버지를 자기 대신 방앗간에서 일하게 하고 자기는 성으로 갔다.

이 두 아들 가운데 누가 천당에 가고 누가 지옥에 갈 것인가 생각해보라. 또 그 이유는 무엇인가?

두 번째 남자는 왕이 끌어모은 노동자들을 혹사시키고 천대하며 먹을 것도 제대로 주지 않을 것을 미리 알고서 아버지 대신 자기가 갔던 것이다. 따라서 천당에 갔다. 그러나 아버지에게 닭고기를 바친 남자는 아버지의 질문에도 제대로 대답하지 않았으므로 지옥에 갔다. 진심으로 대하는 것이 아니라면 아버지에게 일을 시키는 것이 차라리 낫다.

세 사람의 친구

옛날에 어떤 왕이 한 남자에게 신하를 보내 곧 자기에게 오라고 명령했다. 이 남자에게는 세 사람의 친구가 있었다. 첫 번째 친구는 아주 소중하게 생각하고 있었으므로 서로 친구라고 여기고 있었다. 두 번째 친구도 역시 사랑은 하고 있었으나, 첫 번째 친구만큼 소중하게 여기지는 않았다. 세 번째 친구도 친구라고 생각하고 있었으나, 두 친구만큼 관심을 갖고 있지는 않았다.

왕에게서 사신이 왔을 때 그는 뭔가 자기가 잘못을 저질러 그것을 추궁하려는 게 아닌가 생각하고는, 걱정이 되어 혼자서는 왕 앞에 나설 용기가 나지 않았다. 그는 세 친구에게 함께 가달라고 부탁했다.

우선 가장 친하고 소중하게 여기던 친구의 집에 가서 "함께 가다오."라고 말하자, 친구는 이유도 묻지 않고 "나는 안 돼."라고 잘라 말했다. 두 번째 친구에게 부탁하자, "성문까지는 같이 가주겠지만, 그 이상은 갈 수가 없어."라고 말했다. 세 번째 친구는 "물론 가주지. 자네는 아무것도 잘못한 것이 없는데 그렇게 두려워할 것 없네. 내가 함께 가서 왕에게 그렇게 말해주지."라고 말했다.

왜 세 사람은 각각 그렇게 말했을까? 한번 생각해보자.

첫 번째 친구는 '재산'이다. 아무리 사랑하더라도 죽을 때는 남겨두고 갈 수밖에 없다. 두 번째 친구는 '친척'이다. 화장터까지는 따라가 주지만, 거기서부터는 그냥 돌아가 버린다. 세 번째 친구는 '선행'이다. 그것은 보통 때는 눈에 띄지 않지만, 죽은 후에도 늘 함께 있는 것이다.

술의 기원

이 세상에서 최초의 인간이 포도 씨를 심고 있었다. 이때 악마가 나타나서 "무엇을 하고 있는가?" 하고 물었다. 인간이 "훌륭한 식물을 심고 있지."라고 하자, 악마는 "이러한 식물은 본 적이 없는데."라고 말했다. 인간은 악마에게 "이것은 대단히 달고 맛있는 열매를 맺지. 그 즙을 마시면 당신은 아주 행복해질 거야."라고 말했다. 악마는 그렇다면 자기도 친구들에게 꼭 가져다주어야겠다고 하면서 한몫 거들기 위해 양과 사자, 돼지와 원숭이를 죽여 그 피를 포도밭에 비료로 뿌렸다.

거기서 포도주가 생겼다.

처음 마시기 시작할 때는 양과 같이 순하고, 조금 더 마시면 사자와 같이 강하게 되고, 더 마시면 돼지처럼 추하게 된다. 지나치게 많이 마시면 원숭이처럼 춤을 추거나 노래를 하거나 한다. 그것은 악마가 인간의 행위에 대해 보내준 선물이다.

효도

어떤 유대인이 고대 이스라엘의 디마라고 하는 마을에 살고 있었다. 그는 6,000개의 금화에 해당하는 다이아몬드 한 개를 가지고 있었다. 한 랍비가 사원의 침전을 장식하는 데 쓰려고, 6,000개의 금화를 가지고 그에게 다이아몬드를 사러 갔다. 그런데 공교롭게도 다이아몬드를 넣어둔 금고 열쇠를 베개 밑에 두고 그의 아버지가 잠을 자고 있었다.

그는 "아버지를 깨울 수는 없으므로 다이아몬드는 안 팔겠습니다."라고 말했다.

굉장한 돈벌이가 되는데도 아버지를 깨울 수 없다고 하는 것은 대단한 효도라고 감탄하여, 랍비는 그 이야기를 사람들에게 말해 주었다.

어머니

어떤 랍비가 어머니와 둘이서 걸어가고 있었다. 자갈이 많고 울퉁불퉁한 길이어서 걷기가 아주 힘들었다. 랍비는 어머니가 한 발 내디딜 때마다 자신의 발을 어머니 발 밑으로 뻗어 어머니의 발을 받쳐주었다.

탈무드 속에는 부모가 등장하면 반드시 아버지가 앞에 나오는데, 이것은 어머니만 나오는 유일한 이야기이다. 어머니도 아버지와 마찬가지로 소중하다는 것을 보여주기 위한 것인 듯하다. 그러나 부모가 함께 물을 마시고 싶어 할 때는 아버지에게 먼저 물을 드린다. 왜냐하면 어머니도 아버지를 섬기지 않으면 안 되는 입장이어서, 어머니에게 드린다 해도 다시 아버지에게 건네줄 것이 분명하기 때문이다.

처형

어떤 곳에 닭이 있었다. 그 닭이 아이를 죽였다고 해서 재판이 열렸다.

작은 요람에 놓인, 태어난 지 얼마 안 되는 갓난아기의 머리를 닭이 쪼아서 아이가 죽어버렸던 것이다. 증인이 호출되어 여러 가지 증언을 했다. 닭은 유죄 판결이 내려져 처형되었다.

이 이야기의 교훈은, 비록 닭이라도 살인자로서 분명히 유죄로 확정되지 않는 한 처형될 수 없다는 것이다.

두 시간의 일

  어떤 왕이 포도밭에서 많은 일꾼에게 일을 시키고 있었다. 일꾼 중 한 명이 대단한 능력을 지니고 있어서 금방 눈에 띄었다. 어느 날 왕은 포도밭을 방문하여 그 뛰어난 일꾼과 함께 포도밭을 산책했다.

  유대의 관습으로 품삯은 매일 동전으로 지불되었다. 그래서 하루의 일이 끝나면 일꾼들은 줄을 서서 품삯을 받았다. 일꾼은 모두 같은 삯을 받았다. 그런데 그 뛰어난 노동자가 품삯을 받았을 때, 다른 노동자들이 화를 내며 왕에게 항의했다.

  "그자는 두 시간밖에 일을 하지 않았습니다. 나머지 시간은 임금님과 함께 돌아다니기만 했을 뿐입니다. 그런데도 우리와 똑같은 품삯을 주는 것은 불공평한 일입니다."

  그러자 왕이 말했다.

  "그대들이 하루 동안 한 일보다도 더 많은 일을 이 사람은 두 시간 동안에 하였다."

  28세에 죽은 랍비도 다른 사람이 100년 동안 산 것보다도 더 많은 일을 했다. 문제는 몇 년 동안 사는가가 아니라 얼마나 많은 업적을 남겼는가이다.

함께 살 수 없는 무리 ———— ·※·

염소와 호랑이가 한집에서 살 수 있겠는가? 답은 '아니다'이다. 인간에게 있어서도 시어머니와 며느리는 한 지붕 밑에서 살 수가 없다고 여긴다.

일곱 가지 변화

탈무드에 의하면, 남자의 인생은 다음과 같이 일곱 단계로 나누어진다.

- ✡ 한 살은 임금님 — 모두 모여 왕을 섬기듯 비위를 맞춰주고 성질을 부려도 받아준다.
- ✡ 두 살은 돼지 — 진흙 속을 이리 뛰고 저리 뛰고 한다.
- ✡ 열 살은 어린 염소 — 깔깔거리거나, 떠들어대거나, 이리저리 뛰어다닌다.
- ✡ 열여덟 살은 말 — 성장하여 자기 힘을 남에게 보여주고 싶어 한다.
- ✡ 결혼하면 당나귀 — 가정이라고 하는 무거운 짐을 지고 뚜벅뚜벅 걸어가지 않으면 안 된다.
- ✡ 중년은 개 — 가족을 부양하기 위하여 사람들의 호감을 얻지 않으면 안 된다.
- ✡ 노인은 원숭이 — 아이들과 같이 되는데, 아무도 관심을 가져주지 않는다.

영원한 생명

랍비가 시장에 와서 "이 시장에는 영원한 생명을 약속받기에 어울리는 자가 있다."라고 말했다. 그런데 누가 보아도 그러한 사람은 하나도 없었다. 그때 두 사람이 랍비가 있는 곳으로 걸어왔다.

그러자 랍비가 말했다.

"이 두 사람이야말로 훌륭한 선인이다. 영원한 생명을 받아도 마땅할 것이다."

주위의 사람들이 "당신들이 파는 물건은 대체 어떤 것이오?"라고 묻자 두 사람이 대답했다.

"우리들은 전도사입니다. 외로운 사람에게는 웃음을 주고, 다투고 있는 사람에게는 평화를 줍니다."

거미와 모기, 그리고 미치광이 ——— ✳

다윗 왕은 일찍이, 거미란 장소를 가리지 않고 아무 데나 집을 짓는 불결하고 쓸모없는 동물이라고 생각했다.

그런데 어느 전쟁에서 그는 적에게 포위되어 피신할 곳이 없었다. 궁여지책으로 한 동굴 속으로 들어갔다. 이 동굴 입구에는 마침 거미 한 마리가 집을 짓고 있었다. 이윽고 그를 뒤쫓던 적군이 동굴 앞까지 이르렀는데, 거미가 동굴 입구에 집을 지어놓은 것을 보고는 그냥 돌아가고 말았다.

또 어느 날 다윗 왕은 적 장군의 침실에 숨어들어 그의 칼을 뺏고, 다음 날 아침에 "나는 그대의 칼을 빼앗아왔을 정도다. 그대를 죽이는 것도 간단히 할 수 있었다."라고 하면서 자기의 실력을 과시하고자 했다.

그러나 그 기회는 좀체 오지 않았다. 간신히 침실까지는 숨어들어 갔으나 칼이 장군의 다리 밑에 놓여있었기 때문에 아무리 해도 빼앗을 수가 없었다. 다윗 왕은 기다리다 지쳐서 마침내 그곳에서 나오려고 했다. 그때였다. 모기 한 마리가 날아와서 장군의 다리에 앉았다. 장군은 무의식중에 다리를 움직였다. 그 순간 다윗 왕은 칼을 뺏는 데 성공했다.

또 한번은 다윗 왕이 적에게 포위되어 위기일발의 순간이 되었을 때, 그는 갑자기 미치광이 행세를 했다. 병사들은 이 미치광이가 설마 왕일 거라고는 미처 생각하지 못하고 그냥 가버렸다.

이 세상에는 아무 일에도 쓸모없는 것이란 없다. 어떠한 것이라도 소홀히 여겨서는 안 되는 것이다.

도덕 이야기

어떤 배가 항해하고 있을 때, 갑자기 바람이 거세게 일고 파도가 높아지며 바다가 거칠어져서 항로를 이탈하고 말았다.

아침이 되자 바다는 잠잠해졌고, 부근에는 아름다운 만이 있는 섬이 있었다. 배는 그곳에 닻을 내리고 얼마간 쉬기로 했다. 그 섬에는 아름다운 꽃들이 많이 피어 있었고, 먹음직스러운 과일이 열려 있었으며, 싱그러운 초록의 숲을 이루고 있는 나무 위에는 새들이 즐겁게 지저귀고 있었다.

배의 손님들은 다섯 그룹으로 나뉘어졌다.

첫째 그룹의 사람들은 자기들이 섬에 올라가 있는 동안에 바람이 불어 배가 출항할지도 모른다는 생각에, 비록 섬이 아름답기는 하지만 아예 상륙하지 않고 배에 남았다.

둘째 그룹은 급히 섬으로 올라가 향긋한 꽃향기를 마시며 나무 그늘에서 맛있는 과일을 먹고 원기를 회복하자 곧 배로 되돌아왔다.

셋째 그룹의 사람들도 상륙했는데, 그들은 섬에 너무 오래 있다가 마침 바람이 불어 배가 출항하려고 할 때에야 서둘러 돌아왔기 때문에, 가지고 있던 물건도 모두 버리게 되었고 배의 좋은 자리도 모두 빼앗겼다.

넷째 그룹은 바람이 불어 선원들이 닻을 올리는 것을 보면서도 아직 돛을 펴지 않았다든가, 설마 선장이 우리를 두고 그냥 떠나겠느냐 하는 이유를 붙여 여전히 섬에 남아 있었다. 그러나 실제로 배가 섬을 떠나기 시작하는 것을 보자, 그제야 허둥지둥 헤엄을 쳐서 배에 탔다. 그 때문에 몸이 바위와 배의 난간에 부딪혀 상처를 많이 입었고, 그 상처는 항해가 끝날 때까지도 낫지 않았다.

다섯째 그룹은 먹기도 많이 먹었고 아름다운 섬에 아주 도취되어 있었기 때문에 배가 떠날 때 울리는 고동 소리도 듣지 못했다. 결국 숲속에서 맹수에게 물리기도 하고 독이 있는 과일을 먹기도 하여 모두 죽고 말았다.

당신 같으면 어떤 그룹에 속했겠는가? 한번 생각해보시기 바란다.

이 이야기 속에 나오는 배는 인생에 있어서의 선행을 상징하고, 섬은 쾌락을 상징한다.

첫째 그룹은 인생에서 쾌락을 조금도 맛보지 않으려고 하였다. 둘째 그룹은 쾌락을 조금은 즐겼으나 목적지에 도착해야 한다는 의무감은 잊지 않았다. 셋째 그룹은 지나칠 정도로 쾌락에 빠지지는 않았으나 역시 약간의 고통을 겪었다. 넷째 그룹도 돌아오기는 했으나 돌아오는 것이 늦었기 때문에 그때 입은 상처가 목적지에 다다를 때까지 아물지 않았다.

그러나 인간이 보통 택하기 쉬운 것은 다섯째 그룹이다. 그들은

일생 동안 겉모습만을 위하여 살거나, 장래의 일을 잊어버리거나,
달콤한 음식 속에 독이 숨겨져 있는 것을 알지 못하고 먹으면서
살아간다.

시랑의 편지

어떤 곳에 젊은 남자와 아름다운 여자가 살고 있었다. 두 사람은 사랑하게 되었고, 남자는 여자에게 일생 동안 그녀만을 사랑하겠다고 맹세했다.

얼마 동안 그들 두 사람은 순탄하고 행복한 나날을 보냈다. 그러던 어느 날, 남자는 그녀를 남겨두고 여행을 떠났다. 그녀는 그가 돌아오기를 기다렸지만, 그는 오랫동안 돌아오지 않았다. 친구들은 그녀를 가엾게 여겼으나, 그녀의 경쟁자들은 "그는 절대로 돌아오지 않을 거야." 하면서 그녀를 비웃었다.

그녀는 집에 돌아와 그가 일생 동안 그녀만을 사랑하겠다고 은밀히 다짐했던 편지를 꺼내어 눈물을 흘리면서 읽었다. 편지는 그녀를 위로해주었으며 그녀의 힘이 되었다.

어느 날 애인이 돌아왔다. 그녀는 그동안의 슬픔을 그에게 털어놓았다. 그가 물었다.

"그런 괴로움 속에서 어떻게 정절을 지킬 수 있었소?"

그녀는 웃으며 말했다.

"나는 이스라엘과 같아요."

(이스라엘이 다른 나라의 지배를 받을 때 다른 나라 사람들은 모두 유대인을 비웃었다. 이스라엘이 독립한다고 하자, 사람들은 또 이스라엘의 현인들을 바보 취급했다. 유대인은 학교나 교회에서만 이스라엘을 지켜왔다. 유대인은 하느님이 이스라엘에게 준 서약을 읽어왔고, 그 속에 있는

성스러운 약속을 믿고 살아왔다. 신은 약속을 지켰다. 그녀도 그가 맹세
한 편지를 읽음으로써 그를 믿고 그가 돌아오기를 기다렸기 때문에 이스
라엘과 같다고 한 것이다.)

남겨놓은 것

『구약성서』에 인류 최초의 여자는 아담의 갈비뼈 하나를 취해서 만들어졌다고 쓰여 있다. 로마 황제가 어떤 랍비의 집을 방문하여 "하느님은 도둑이오. 어찌하여 남자가 잠든 사이에 남자의 허락도 없이 갈비뼈를 훔쳐갔는가?"라고 말했다. 그러자 옆에 있던 랍비의 딸이 말했다.

"당신의 부하를 한 사람 보내주세요. 좀 곤란한 문제가 생겨서 그것을 조사했으면 합니다."

황제는 "그렇게 하시오. 그런데 그 문제라는 것은 무엇이오?"라고 물었다. 딸이 말했다.

"어제 저녁에 집에 도둑이 들어와서 금고를 훔쳐갔습니다. 그 대신 도둑은 금으로 만든 그릇을 두고 갔습니다. 어떻게 해서 그렇게 되었는지 조사하려고 합니다."

황제가 말했다.

"그것 참 부러운 일이군요. 그런 도둑이라면 우리 집에도 들어왔으면 좋겠소."

그러자 랍비의 딸은 이렇게 말했다.

"그렇겠지요. 그것은 결국 아담에게 일어난 일과 같은 것이 아니겠습니까? 하느님은 갈비뼈를 하나 훔쳐갔지만 이 세상에 여자를 남겨놓지 않았습니까?"

참된 이득

몇 명의 랍비가 악당의 무리와 마주쳤다. 이 악당들은 사람의 골수까지 빨아먹으려고 덤벼드는 자들이었다. 이들만큼 교활하고 잔인한 자들은 없었다. 랍비 하나가 이 같은 자들은 모두 물에 빠져 죽어버렸으면 좋겠다고 말했다.

그러나 그중에서 가장 훌륭한 랍비가 말했다.

"아니오. 유대인으로서 그렇게 생각해서는 안 됩니다. 비록 이런 사람들이 죽어버렸으면 좋겠다고 생각하더라도, 그렇게 되도록 기도해서는 안 됩니다. 악인이 멸망할 것을 바라기보다 악인들이 회개할 것을 원해야만 합니다."

악인을 벌하는 것은 우리에게 어떤 이득도 되지 않는다. 그들을 회개시키거나 우리 편으로 만들지 않는 한 손해가 될 뿐이다.

여성 상위

어떤 선한 부부가 이혼을 했다. 남자는 곧 재혼을 했는데, 불행하게도 악한 여자였다. 그는 새 아내를 닮아 악한 남자가 되었다. 이혼한 아내도 역시 악한 남자와 재혼했다. 그 악한 남자는 선한 사람이 되었다. 항상 남자는 여자에 의하여 조종되는 것이다.

무일푼의 왕

아주 친절한 부자가 있었다. 그는 자신이 부리던 노예를 기쁘게 해주려고 배에 많은 물건을 싣고, 배와 물건 모두를 그에게 주면서 어디든지 좋은 곳으로 가서 이 물건들을 팔아 행복하게 살라고 하면서 해방시켜주었다.

배는 큰 바다로 나갔다. 그런데 폭풍을 만나 배가 침몰하고 말았다. 짐을 모두 잃어버리고, 노예는 혼자서 간신히 부근의 섬으로 헤엄쳐 갔다. 그는 모든 것을 잃은 데다 고독했기 때문에 큰 슬픔에 빠졌다. 그런데 섬 안으로 조금 들어가 보니 커다란 도시가 있었다. 그는 옷조차 입고 있지 않았지만, 그가 도시에 이르자 도시 사람들은 그를 환호하면서 맞이했다. "임금님 만세!"라고 외치며 그를 왕으로 추대했던 것이다.

그는 호화로운 궁전에서 살게 되었다. 그는 이것이 꿈이 아닌가 싶고 아무래도 믿어지지 않아 어떤 사람에게 이렇게 물어보았다.

"도대체 어떻게 된 일입니까? 나는 무일푼으로 여기 오게 되었는데 갑자기 왕이 되었으니, 이게 무슨 일인지……."

그 남자가 대답했다.

"우리들은 살아 있는 인간이 아니고 혼입니다. 일 년에 한 번 살아 있는 인간이 이 섬에 와서 우리의 왕이 되어주기를 바라고 있습니다. 그러나 주의하십시오. 일 년이 다 지나면 당신은 여기서 추방되어 생물도 음식도 아무것도 없는 섬으로 홀로 보내질 것입니다.”

왕이 된 노예는 “정말 감사합니다. 그러면 이제부터 일 년 후를 위하여 준비를 해야겠군요.”라고 말하면서 그에게 감사했다. 그러고 나서 그는 사막과 같은 섬에 가서 꽃도 심고 과일나무도 심으면서 일 년 후를 준비했다.

일 년이 되자 그는 그 즐거운 섬에서 추방되었다. 그는 왕이었지만 처음 왔을 때와 똑같이 무일푼인 채로 죽음의 섬으로 보내졌다. 황폐한 섬에 도착해보니 과일나무가 열매를 맺고 채소가 자라나 아주 살기 좋은 땅이 되어 있었다. 또한 먼저 그곳에 추방되었던 사람들도 그를 따뜻하게 맞이해주었다. 거기서 그는 그곳 사람들과 행복하게 살아갈 수 있었다.

이 이야기는 여러 가지를 상징하고 있다. 우선 처음의 친절한 부자는 은혜로운 하느님을, 노예는 인간의 혼을, 그가 갔던 처음의 섬은 세계를, 거기에서 살고 있던 주민은 인류를, 일 년 후에 갔던 황폐한 섬은 내세를, 그곳에 있던 채소와 과일은 각각 선행을 나타낸다.

만찬회

왕이 신하들을 만찬에 초대했다. 그러나 언제 만찬회가 열리는
지는 가르쳐주지 않았다. 현명한 신하는 '임금님이 계신 곳이라면
언제라도 만찬회가 열릴 것이다. 나는 만찬회를 대비하고 있어야
지' 하고 만찬회가 언제 열려도 항상 참석할 수 있도록 왕궁의 문
앞에 가서 기다렸다. 그러나 어리석은 신하는 만찬회를 준비하는
데는 시간이 걸릴 것이니 만찬회가 열리기까지 아직 시간이 있다
고 생각하여 아무런 준비도 하지 않았다.

만찬회가 열렸을 때 현명한 신하는 곧 만찬회에 참석할 수 있
었으나, 어리석은 신하는 결국 만찬회의 진수성찬을 맛볼 수 없
었다. 당신은 언제 하느님의 부르심을 받을지 전혀 알 수 없다. 창
조주로부터 만찬회에 초대되었을 때 늦지 않도록 항상 준비하고
있도록 노력하라.

육체와 영혼

왕은 '오차'라고 하는 아주 맛있는 열매가 열리는 나무를 가지고 있었다. 그것을 지키도록 두 사람의 파수꾼을 고용했다. 한 사람은 장님이고, 또 한 사람은 절름발이였다. 그런데 두 사람은 흑심을 품고 함께 공모하여 그 나무의 열매를 훔치자고 논의했다. 장님은 절름발이를 자기의 어깨 위에 태우고, 절름발이는 장님에게 방향을 가르쳐주어 그 맛있는 과일을 마음대로 훔쳤다.

왕이 크게 노하여 두 사람을 힐책하자, 장님은 자기는 볼 수가 없으므로 도둑질할 수가 없다고 하고, 절름발이는 그렇게 높은 곳에는 올라갈 수 없으므로 자기는 범인이 아니라고 말했다. 왕은 그건 확실히 그렇다고 인정하면서도 두 사람의 말을 완전히 믿지는 않았다. 어쨌든 두 사람의 힘은 한 사람의 힘보다 훨씬 크다. 육체만으로 인간은 아무것도 할 수 없으며, 영혼만으로도 아무것도 할 수 없다. 이 두 개가 합쳐지면 나쁜 일이건 좋은 일이건 무슨 일이든지 할 수 있다.

분실물

어떤 랍비가 로마에 왔다. 거리에는 방문이 붙어 있었다. 거기에는 '황후께서 대단히 값비싼 패물을 잃어버리셨다. 30일 이내에 그것을 발견하여 신고하는 자에게는 막대한 상금을 내릴 것이나, 만약 30일 이후에 그것을 가지고 있는 자가 발견되면 사형에 처하겠노라'라고 쓰여 있었다.

랍비는 우연히 그 패물을 발견했으나 31일째 되는 날에야 비로소 그것을 가지고 왕궁으로 가서 황후에게 내주었다. 그러자 황후는 랍비에게 "당신은 30일 전 포고문을 게시했을 때 이곳에 있었습니까?"라고 물었다. 그러자 랍비는 "네."라고 대답했다. 황후는 "30일이 지난 후에 그것을 가져오면 당신이 어떻게 되는지도 알고 있었겠지요?"라고 물었다. 그는 역시 "네."라고 대답했다. 황후는 "그렇다면 어찌하여 30일이 되기까지 그것을 가지고 있었습니까? 만약 어제 이것을 가져왔다면 후한 상을 받았을 텐데, 당신은 목숨이 아깝지도 않습니까?"라고 물었다. 그러자 랍비는 이렇게 대답했다.

"30일 이전에 이것을 돌려주었다면 사람들은 내가 당신을 두려워하거나 당신에게 경의를 표하려 돌려주는 것이라고 생각할 것입니다. 내가 오늘까지 기다렸다가 돌려주러 온 것은 내가 결코 당신을 두려워하지 않으며, 내가 두려워하는 것은 오직 하느님뿐이라는 것을 사람들에게 가르치려고 했던 것입니다."

이 말을 들은 황후는 깊이 감동되어 "그와 같이 훌륭한 하느님을 모시고 있는 당신에게 깊은 경의를 표합니다."라고 말했다.

희망

랍비 아키바가 여행을 하고 있었다. 그는 당나귀와 개와 작은 램프를 가지고 있었다. 밤이 되자 아키바는 오두막 한 채를 발견하고 거기서 잠을 자려고 했다. 그러나 아직 잠을 자기에는 이른 시간이었으므로 그는 램프를 켜서 책을 읽기 시작했다. 잠시 후 바람이 불어 램프가 꺼지는 바람에 그는 하는 수 없이 잠을 자기로 했다.

그날 밤 이리가 와서 옆에 있던 개를 죽였고 사자가 와서 당나귀를 죽였기 때문에, 아침이 되자 그는 램프만 가지고 홀로 터벅터벅 출발했다. 이윽고 어느 마을에 이르게 되었으나 사람이라고는 그림자도 없었다.

그는 전날 밤 도적이 나타나서 그 마을을 파괴하고 마을사람들을 모두 죽였다는 사실을 알게 되었다. 만약 램프가 바람으로 인해 꺼지지 않았다면 그도 도적에게 발견되었을 것이다. 개가 살아 있었다면 개 짖는 소리에 도적에게 발견되었을지도 모른다. 당나귀도 역시 시끄럽게 했을 것임에 틀림없다. 모든 것을 잃은 덕택에 그는 도적에게 발견되지 않았다.

랍비는 '인간은 최악의 상태에서도 희망을 잃어서는 안 된다. 나쁜 일도 좋은 일과 연결될 수 있다는 것을 믿지 않으면 안 된다'는 것을 깨우쳤다.

반유대인

역대의 로마 황제 가운데 헤도리우스라고 하는 황제는 유대인을 증오하고 있었다. 어느 날, 헤도리우스 앞으로 어떤 유대인이 지나갔다. 그 유대인은 "황제님, 밤새 안녕하셨습니까?" 하고 인사를 올렸다. 황제가 "그대는 도대체 누군가?"라고 묻자, 그는 "저는 유대인입니다."라고 대답했다. 황제는 "즉시 저놈을 사형에 처하라!"라고 외쳤다.

다음 날 유대인이 또 황제의 옆을 지나갔으나 이번에는 아무 인사도 하지 않았다. 황제는 "로마 황제에게 인사도 하지 않다니! 저놈의 목을 베어라."라고 병사에게 명령했다.

그러자 황제의 주위에 있던 신하들이 물었다.

"폐하, 어제는 폐하께 인사를 올리는 자를 죽이시더니 이번에는 인사를 하지 않았다는 이유로 죽이시니, 이것은 대체 어떠한 의미입니까?"

황제가 대답했다.

"내가 한 일은 모두 올바른 것이오. 그대들은 이해하지 못할지도 모르겠으나 나는 유대인을 다루는 방법을 알고 있소."

이것은 유대인이 어떻게 하든, 반유대인이었던 헤도리우스 왕은 유대인이라는 이유만으로 유대인을 죽였다는 이야기이다.

무언극

로마의 황제가 이스라엘에서 가장 위대한 랍비와 친하게 지내고 있었다. 두 사람의 생일이 같았기 때문이다. 두 사람은 늘 친밀한 관계를 유지했지만, 황제와 랍비가 친구라고 해서 양국 정부의 관계도 좋은 것은 아니었다. 황제가 랍비에게 무엇인가 묻고자 할 때는 사신을 먼 곳까지 보낼 수밖에 없었다. 어느 날 황제는 랍비에게 편지를 보내 물었다.

"나는 꼭 하고 싶은 일이 두 가지 있습니다. 하나는 내가 죽은 뒤에 내 아들로 하여금 황제가 되게 하는 것이고, 또 하나는 이스라엘에 있는 타이페리아스시를 자유 관세 도시로 만드는 것입니다. 나는 이 두 가지 일 중에서 하나밖에 할 수가 없습니다. 두 가지 모두 하려면 어떻게 해야 좋겠습니까?"

양국의 관계가 대단히 좋지 않았으므로 황제의 물음에 랍비가 답했다는 사실이 알려지면 국민에게 대단히 큰 악영향을 끼칠 것이 분명했다. 따라서 랍비는 그 질문에 대하여 답을 보낼 수 없었다.

황제는 그냥 돌아온 사신에게 "편지를 건네주었을 때 랍비는 무엇을 하고 있었는가?"라고 물었다. 그러자 사신이 대답했다.

"랍비는 아들을 목마 태우고, 아들에게는 비둘기를 주었습니다. 그러자 아들은 비둘기를 공중으로 날려 보냈습니다. 그 외에는 아무것도 하지 않았습니다."

황제는 랍비가 말하고자 하는 뜻을 이해할
수 있었다.

〈우선 왕위를 아들에게 물려주고, 그 뒤에 아들
이 관세를 자유롭게 하면 됩니다.〉

그 후 또 황제의 질문이 있었다.

"정부의 관리들이 심기를 불편하게 하고 있소. 이럴 때 어떻게
하면 좋겠습니까?"

랍비는 역시 무언극으로, 밭으로 가서 야채를 하나 뽑아 왔다.
몇 분 후에 다시 밭에 가서 야채를 또 하나 뽑아 왔다. 조금 후에
또 같은 행동을 되풀이했다. 그것이 전부였다. 로마의 황제는 랍비
가 말하려고 하는 것을 알 수 있었다.

〈한꺼번에 당신의 적을 모두 제거하려 하지 마십시오. 몇 번에
걸쳐 하나씩 하나씩 제거하십시오.〉

인간의 의사는 말과 글에 의하지 않고도 충분히 전달될 수
있다.

암시

로마 군대의 한 장교가 랍비와 만났다.

장교는 "유대인은 대단히 현명하다고 들었는데, 오늘밤 내가 어떤 꿈을 꾸게 될지 내게 가르쳐주시오."라고 말했다. 당시에 로마의 제일가는 적은 페르시아였다. 랍비는 "페르시아가 로마를 습격하여 로마 군대를 쳐부수고 로마를 지배하여 로마인을 노예로 삼아 로마인이 가장 싫어하는 일을 시키는 꿈일 것입니다."라고 말했다.

다음 날 아침 그 장교는 랍비의 집에 찾아와, "어떻게 당신은 내가 어젯밤에 꾼 꿈을 미리 알 수 있었습니까?"라고 물었다.

그 장교는 꿈은 암시로부터 생긴다는 것과 자신이 암시에 걸려 있었다는 것을 알지 못했던 것이다.

마음 ——————— ✳

    인간의 기관은 마음에 의해 좌우되고 있다. 마음은 보고, 듣고, 걷고, 서로 기뻐하고, 강건해지고, 부드러워지고, 탄식하고, 두려워하고, 교만해지고, 사람에게 설득되고, 사랑하고, 미워하고, 탐구하고, 반성한다. 가장 강한 인간은 자신의 마음을 조절할 수 있는 인간이다.

기도

어떤 배에 각국에서 모인 사람들이 타고 있었다. 갑자기 폭풍우가 몰아쳤다. 사람들은 제각기 자기 나라의 신에게 자기들의 방식대로 기도했다. 그러나 폭풍우는 점점 더 심해졌다.

사람들이 유대인에게 "당신은 왜 기도하지 않는 거요?"라고 말하자, 유대인도 기도하기 시작했다. 그러자 폭풍우가 멎었다.

배가 항구에 도착했을 때 사람들은 "우리들이 온갖 정성으로 기도했을 때는 이루어지지 않았는데, 어떻게 당신이 기도하니까 금방 폭풍우가 멎었을까요?"라고 물었다. 유대인은 이렇게 말했다.

"나도 잘 모릅니다만, 어쨌든 여러분은 모두 제각기 여러분들 나라의 신에게 기도했었습니다. 바빌로니아인은 바빌로니아의 신에게 기도했고, 로마인은 로마의 신에게 기도했습니다. 그러나 바다는 어느 나라에도 속해 있지 않습니다. 나의 신은 전 우주를 지배하는 넓고 크신 분이므로 바다에서 내가 했던 기도도 들어주셨던 것 같습니다."

암시장

어떤 재판관이 있었다. 어느 날 그는 시장에서 많은 장물들이 매매되고 있는 것을 보고, 주민들과 도둑들을 깨우쳐주기 위해 무언가 그들에게 보여주어야겠다고 생각했다. 그는 족제비 한 마리를 꺼내놓고 작은 고깃덩어리를 주었다.

그러자 족제비는 그것을 입에 물고 자기의 작은 굴속으로 들어가 숨겼다. 보고 있던 시민들은 족제비가 고기를 어디에 숨겨놓았는지 금방 알 수 있었다.

재판관은 그 굴을 파묻어버렸다. 그리고 이번에는 족제비에게 더 많은 고기를 주었다. 그러자 족제비는 굴이 있었던 장소로 달려갔다가 굴이 파묻혀진 것을 발견하고 그 고기를 입에 문 채 다시 재판관에게 되돌아왔다. 족제비는 자기가 가진 고기를 먹지도 못한 채 도로 그것을 준 사람에게 가져온 것이다. 이 광경을 본 주민들은 시장에 있는 물건들을 다시 조사하여 자기들이 옛날 도둑맞았던 물건들을 찾아냈다.

시집가는 딸에게, 현명한 어머니가 ────── ⁘

    내 딸아, 네가 만약 네 남편을 왕처럼 존경한다면 네 남편은 너를 여왕처럼 대우해줄 것이다. 그러나 네가 그를 노예처럼 취급한다면 남편도 너를 노예처럼 대우할 것이다. 네가 만약 자존심이 강해서 그에게 봉사하기를 싫어한다면 그는 힘으로써 너를 종과 같이 다루고 말 것이다. 만약 네 남편이 친구의 집을 방문하고자 한다면 그를 목욕시키고 옷차림을 단정하게 한 뒤 보내야만 한다. 만약 남편의 친구들이 집에 놀러오거든 가능한 한 잘 대접해야만 한다. 그렇게 하면 남편은 너를 소중히 여길 것이다.

    언제나 가정에 주의를 기울이고, 그의 물건들을 소중히 하라. 그는 기꺼이 너의 머리 위에 관을 씌워줄 것이다.

숫자 ———— ✳

　내가 말을 잘못하여 어떤 사람에게 해를 입혔다고 가정하자. 다음에 그와 만나게 되었을 때, "지난번엔 너무 실례가 많았습니다. 실은 당신을 해칠 생각은 추호도 없었습니다." 하고 사과할 수도 있다. 그래도 상대방이 용서해주지 않을 때는 어떻게 해야 하는가?

　유대인은 열 명의 사람들에게 "나는 요전에 어떤 사람에게 이러이러한 실례의 말을 하여, 그 뒤에 잘못을 사과하러 갔으나 그는 받아주지 않았습니다. 나는 진정으로 내가 나빴다고 생각하고 있습니다. 여러분께서는 내 행위를 용서해주실 수 있습니까?"라고 물어서 그 열 사람이 모두 용서해주면 용서받은 것으로 간주한다. 모욕을 당한 상대방이 죽어서 사과할 수 없는 경우에는, 열 명의 사람을 그의 무덤 앞에 불러놓고 무덤을 향해 서서 사람들에게 용서를 빌지 않으면 안 된다.

　열 명이라는 수가 나오게 된 동기는, 유대교에서는 기도할 때 열 사람이 있지 않으면 기도가 성립되지 않았던 것에서 유래한다. 아홉 명 이하는 개인이며, 열 명이 되어야 비로소 집단이 된다.

　정치적인 결정이 아닌 종교적인 공식 결정은 어떤 경우에도 열 사람이 있어야 한다. 결혼식에도 사적인 결혼식과 공적인 결혼식이 있는데, 공적인 결혼식에는 열 사람 이상 참석하지 않으면 안 된다. 그 밖에 동양에서처럼 4라든가 9라든가 특별히 싫어하는 숫자는 없다.

날짜 가운데 나쁜 날은 있다. 여름의 어떤 특정한 날에 역사적으로 나쁜 일이 많이 일어났다. 예루살렘에 있는 두 개의 사원은 모두 500년쯤 전에 지어진 것인데, 두 사원이 모두 같은 날에 불타 없어졌다.

1492년 스페인에서 가톨릭교도들에 의해 유대인이 추방된 것도 같은 날이다. 모세가 십계를 파괴한 것도 같은 날이다. 개인적으로는 내가 최초로 직업을 잃게 된 것도 같은 날이다.

히브리의 달력에서 '아' 자가 들어 있는 달의 9일째, 대개 8월 1일 무렵인데, 그날은 아무것도 먹어서는 안 되며 마셔도 안 된다. 해가 떠서 질 때까지 아무것도 입에 대서는 안 된다.

교회 안에서는 언제나 의자에 앉게 되어 있으나, 이날은 바닥에 앉는다. 부친이 사망했을 경우와 마찬가지다. 유대인은 아주 슬픈 경우에는 의자에 앉지 않고 바닥에 앉는다. 장송곡을 울리며 촛불을 켜놓고 일을 한다. 이날은 어디를 가든지 가죽신발을 신으면 안 된다. 가죽신발은 자아의 상징이었다.

회교도가 회교의 사원에 들어갈 때 신발을 들고 들어가는 것은 유대의 관습을 따른 것이다. 유대에서도 자기 부친이 사망했을 때 일주일 동안은 절대로 신발을 신어서는 안 되며, 또 자기 자신의 일을 생각해서도 안 된다. 거울을 보게 되면 아무래도 거기에

비친 자기 얼굴을 보면서 자기의 일을 생각하기 쉬우므로 모두 떼어버린다. 신발을 벗는 것은 자기보다도 더 위대한 것이 있음을 생각하고 있기 때문이다.

신년 들어 10일째도 유대의 가장 성스러운 날로, 이날도 신을 신지 않는다. 이날은 유대인이 독립하기 전까지는 참으로 슬픈 날이었다. 사원이 파괴되었다는 것은 독립을 잃었다는 것이다. 이스라엘이 독립하기 전까지 이날이 가장 슬퍼해야 할 날이었다(마침내 이스라엘도 독립했으므로 이날을 폐지해야 한다는 의견도 있다).

사랑

솔로몬 왕에게는 매우 총명하고 아름다운 딸이 있었다. 어느 날 그는 미래에 딸의 남편이 될 사람이 딸에게는 어울리지 않는 남자라는 꿈을 꾸었다. 그래서 솔로몬은 하느님이 어떻게 하는가를 두고 보기로 마음먹었다.

그는 딸을 한 작은 섬으로 데리고 가서 그곳에 있는 별궁에 가두고, 그 주위에 높은 담을 쌓은 다음 많은 경비병들로 하여금 지키게 하였다. 그러고 나서 그는 열쇠를 가지고 돌아와 버렸다.

왕이 꿈에서 본 남자는 어느 황야에서 홀로 방황하고 있었다. 그는 밤이 되어 추워지자 사자들의 시체가 있는 곳으로 가서 사자의 털가죽 속에 들어가 잠을 잤다. 그러자 커다란 새가 사자의 털가죽째 들어 올려 공주가 갇혀 있는 성 위로 날아와 떨어뜨렸다. 그는 거기서 공주와 만나 사랑을 하게 되었다.

사랑은 모든 것을 이겨내며, 아무리 멀리 떨어진 섬에 가두어 놓는다 해도 소용이 없다. 일어날 일은 반드시 일어나고야 만다.

비유대인

하느님은 유대화한 비유대인을 사랑한다. 어떤 왕이 양을 기르면서 양치기를 시켜 양떼를 매일 방목하고 있었다.

어느 날 양하고는 전혀 다른 짐승 한 마리가 그 양떼 속으로 들어왔다. 양치기가 "낯선 짐승이 양떼 속에 섞여 들어왔는데 어찌하오리까?"라고 왕에게 묻자, 왕은 "그 짐승을 특별히 잘 돌보아다오."라고 대답했다. 양치기가 어리둥절한 표정을 짓자, "양들은 원래 나의 양으로서 키워졌기 때문에 걱정할 게 없지만, 이 동물은 전혀 다른 환경에서 길러졌는데도 이처럼 나의 양들과 함께 행동하고 있으니, 이 어찌 기쁘지 않겠느냐?"라고 말했다.

유대인은 태어날 때부터 유대의 전통에 따라 자라지만, 유대의 전통 아래 키워지지 않은 사람이 유대 문화를 이해하여 유대화한 경우에는 유대인보다 더 존경을 받게 된다. 탈무드에는 사람들이 어떤 신앙을 가지든 관계없이 착한 사람은 모두 구원받게 되므로 반드시 유대화를 위해 애쓰지 않아도 된다고 쓰여 있다.

꿈

어떤 사나이가 이웃집 부인에게 정욕을 품고 있었다. 어느 날 밤 그는 결국 성관계를 갖는 데 성공하는 꿈을 꾸었다. 탈무드에 의하면 그것은 길조이다.

왜냐하면 꿈은 하나의 바라는 소망의 표현이므로 실제로 관계를 가졌다면 그런 꿈을 꿀 리가 없기 때문이다. 꿈을 꾸었다는 것은 그만큼 자신을 억제하고 있다는 증거이며, 그것은 대단히 좋은 일이다.

바보가 되는 부모

어떤 남자가 유서를 썼다.

"내 아들에게 재산을 전부 물려주되, 단 아들이 아주 바보가 되지 않는 한 상속할 수 없다."

랍비가 와서 물었다.

"당신은 아주 어처구니없는 유서를 써놓았군요. 당신의 아들이 바보가 되지 않으면 재산을 주지 않겠다고 한 것은 도대체 무슨 뜻이오."

그러자 그 남자는 갈대를 하나 입에 물고 이상한 울음소리를 내면서 바닥 위를 엉금엉금 기어 다니기 시작했다.

그가 나타내고 있는 것은 자기 아들에게 자식이 생겨서 그 자식을 기르게 되면 자기 재산을 물려주겠다는 것이었다. '자식이 생기면 인간은 바보가 된다'는 속담이 여기에서 생겨났다.

유대인에게 있어서 자식은 대단히 소중한 존재이며, 부모는 자식을 위해 모든 것을 희생한다.

하느님이 유대 민족에게 십계명을 내리실 때, 유대인에게 반드시 그것을 지킬 것을 보증받고자 하였다. 유대인들은 그들의 최초의 위대한 조상, 예컨대 아브라함, 이삭, 야곱의 이름으로 맹세하고자 하였으나 하느님은 승낙하지 않았다.

그리하여 그때부터 유대인의 손에 들어오게 될

모든 재산을 걸고 맹세하고자 했으나 역시 거부되었다. 또 유대인이 낳은 모든 철학자의 이름으로 맹세하고자 하였으나 역시 마찬가지였다. 마지막으로 자식에게 십계명을 반드시 전해줄 터이니 그 자식들의 이름으로 맹세한다고 하자 하느님은 비로소 '좋다'고 승낙했다.

교육

가장 위대한 랍비가 북쪽 나라에 두 사람의 시찰단을 보냈다.
시찰자들이 그 도시를 지키고 있는 사람들과 만나 잠깐 조사할
일이 있다고 말하자, 그 도시의 경찰관 중에서 가장 높은 사람이
나왔다. 이에 시찰자들이 말했다.

"아니오, 그렇지 않습니다. 우리들은 도시를 지키는 사람들을
만나고 싶습니다."

이번에는 도시의 수비대장이 나왔다. 두 랍비가 말했다.

"우리가 만나고 싶어 하는 사람은 경찰서장이나 수비대장이 아
니라, 학교의 교사입니다. 경찰관이나 군대는 도시를 파괴하는 자
들이며, 진실로 도시를 지키는 사람은 교사입니다."

공로자

어떤 왕이 병에 걸렸다. 세상에서 보기 드문 이상한 병으로, "암사자의 젖을 먹으면 좋다."라고 의사가 말했다. 그러나 어떻게 암사자의 젖을 구하는가가 문제였다.

어떤 영리한 남자가 암사자가 살고 있는 동굴 가까이 가서 새끼사자를 한 마리씩 사자에게 주었다. 그렇게 10일이 지나자 암사자와 그는 아주 친하게 되어 왕의 약으로 쓸 젖도 조금 얻을 수가 있었다.

왕궁으로 돌아오는 도중 그는 자기 몸의 여러 부위가 제각기 다투고 있는 꿈을 꾸게 되었다. 그것은 신체 중에서 어느 부위가 가장 중요한가에 대한 논쟁이었다. 다리는 만약 자기가 없었다면 사자가 있는 곳까지 갈 수 없었을 거라고 말했으며, 눈은 자기가 없었다면 그곳을 찾을 수 없었을 것이라고 했다. 또 심장은 자기가 없었다면 이제까지 살아 있을 수도 없었을 것이라고 했다. 그러자 혀가 별안간 외쳤다.

"말을 할 수 없었다면 너희들은 아무런 구실도 못했을 거야."

그러자 신체 다른 부위들이 일제히 "뼈도 없고 전혀 쓸모도 없는 조그만 것이 감히 당치도 않은 말을 하는구나." 하면서 혀의 말을 가로막았다.

남자가 궁궐에 도착했을 때, 혀는 "누가 제일 중요한지를 깨닫게 해주겠다."고 말했다. 왕이 남자에게 "이 젖은 무슨 젖인가?"라고 묻자, 남자는 느닷없이 "개의 젖입니다." 라고 외쳤다. 조금 전 모두 나서서 자기의 중요성을 주장하던 신체의 다른 부위들은 그제야 혀의 힘이 얼마나 강한지를 깨닫고 혀에게 모두 사과하였다. 혀는 그 말을 듣고, "아닙니다. 그건 제가 잘못 말한 것입니다. 이 것은 진짜 암사자의 젖입니다."라고 말했다.

중요한 부위일수록 자제력을 잃으면 어처구니없는 일이 생기게 된다.

병문안

환자를 병문안 가면 환자는 60분의 1만큼 병세가 좋아진다. 하지만 60명이 한꺼번에 병문안을 간다고 해서 환자가 완쾌되는 것은 아니다.

죽은 사람의 무덤을 찾아가는 것은 가장 숭고한 행위이다. 환자의 병문안은 치료된 후에 그 사람의 감사를 받을 수 있지만, 죽은 사람에게서는 아무런 보답도 받을 수 없다. 감사를 기대하지 않고 하는 행위야말로 아름다운 것이다.

결론

    탈무드에는 4개월, 6개월, 혹은 7년이란 긴 세월 동안 여러 가지 일에 대해 많은 사람들이 계속하여 문제를 제기한 이야기가 많이 실려 있다. 그것들 중에는 결론이 나지 않은 것도 있어, 그 이야기의 맨 끝부분에는 '알 수 없다'라고 쓰여 있다. 이것의 교훈은 '알 수 없을 때는 알 수 없다고 말하는 것이 낫다'는 것이다.

    탈무드에는 여러 가지 결정이 내려진 이야기가 많이 있는데, 거기에는 반드시 소수의 의견이 소개되고 있다. 소수의 의견은 기록해두지 않으면 없어져 버리기 때문이다.

강자

세상에는 약하면서도 강한 자를 두렵게 하는 것이 네 가지 있다. 사자는 모기를 두려워하고, 코끼리는 거머리를 두려워하고, 전갈은 파리를 두려워하고, 매는 거미를 두려워한다.

아무리 크고 힘이 센 것일지라도 어떤 것이 반드시 최강이라고는 말할 수 없다. 아주 약한 것이라도 어떤 조건이 있으면 강한 것을 이겨낼 수 있다.

칠계명

탈무드 시대의 유대인은 곧잘 비유대인과 함께 일하거나 생활하기도 했다. 유대인에게는 천사가 지키라고 한 613개의 계명이 있다. 그러나 유대교에서는 결코 비유대인을 유대화시키려고 하지 않기 때문에 선교사를 보내는 따위의 일은 하지 않았다. 다만 서로 평화로운 관계를 유지하기 위하여 비유대인에게 일곱 개의 계명만은 지켜달라는 부탁을 하였다.

✣ 살아 있는 짐승을 죽여 금방 날고기를 먹지 말라.
✣ 남을 욕하지 말라.
✣ 도둑질하지 말라.
✣ 법을 지켜라.
✣ 살인하지 말라.
✣ 근친상간을 하지 말라.
✣ 간음하지 말라.

신 1

　로마인이 한 랍비를 찾아와서 "당신들은 하느님에 대한 이야기만 하고 있는데, 하느님이 어디에 계신지 좀 가르쳐주시오."라고 말했다. 그리고 또 "어디에 계신지만 가르쳐주면, 나도 그 하느님을 믿겠소."라고 했다. 물론 랍비는 로마인의 저의를 알아차리고 불쾌하게 여겼다.

　랍비는 로마인을 밖으로 데리고 나와 태양을 가리키며 "저 태양을 잘 보시오."라고 말했다. 로마인은 힐끗 태양을 쳐다보면서, "그런 어리석은 소리 마시오. 태양은 똑바로 쳐다볼 수가 없지 않소."라고 외쳤다. 그러자 랍비는 이렇게 말했다.

　"당신은 하느님이 만들어놓은 수많은 것들 가운데 하나인 태양조차 볼 수 없으면서 어떻게 위대한 하느님을 한눈에 볼 수 있겠소?"

신 2

영어에도, 일본어에도, 프랑스어에도 '신'이라고 하는 단어는 하나밖에 없다. 그러나 유대의 말에는 20개 이상 있다.

작별 인사

그는 매우 긴 여행으로 피곤에 지치고 굶주리고 목이 말랐다. 사막을 오랫동안 걸은 끝에 마침내 나무들이 있는 곳에 이르렀다. 그는 나무 그늘 밑에 앉아서 나무 열매로 배를 채우고, 근처에 있는 물을 마시며 한동안 휴식을 취했다. 그러나 그는 여행을 계속하기 위해 또 출발하지 않으면 안 되었다.

그는 그 나무에게 아주 고마워하며 말했다.

"나무야, 고맙다. 너에게 어떻게 보답하면 좋을까? 너의 열매를 달게 해달라고 기원하고 싶지만 이미 충분히 달콤하고, 시원한 나무 그늘을 갖게 해달라고 빌고 싶지만 너의 그늘은 이미 아주 시원하구나. 네가 더욱 튼튼해지도록 근처에 물이 쏟아지게 해달라고 기원하려 해도 물도 이미 충분히 있구나. 내가 너를 위하여 기도할 수 있는 것은 네가 가능한 한 많은 열매를 맺고, 그 열매가 많은 나무가 되어 너처럼 아름답고 훌륭한 나무로 자라기를 바라는 것뿐이란다."

당신과 이별하는 사람에게 무언가 기원해주고자 할 때, 그 사람이 보다 현명하게 되어 달라고 하기에는 이미 충분히 현명하고, 많은 돈을 벌게 해달라고 하기에는 이미 충분히 부유하며, 착하고 선한 사람이 되게 해달라고 하기에도 이미 훌륭한 인격을 갖고 있으면, 당신은 '당신의 아이들이 당신과 같이 훌륭한 사람으로 자라기를 기원하겠습니다'라고 기원하는 것이 가장 현명하다.

여섯째 날

성서에 의하면 세상은 첫째 날, 둘째 날, 셋째 날의 순서에 따라
만들어졌으며 여섯째 날 완성되었다. 인간은 그 최후의 여섯째 날
에 만들어졌다. 왜 인간은 최후의 여섯째 날에 만들어졌을까? 그
것을 당신은 어떻게 해석하는가?

탈무드에 의하면, 파리 한 마리라도 인간보다 먼저 만들어진
것을 생각하면 인간은 교만해지지 않을 것이라 했다. 인간에게 자
연에 대한 겸허함을 가르치기 위해서이다.

02 / 유대인의 귀   **115**

향료

어느 안식일(토요일) 오후, 로마 황제가 친하게 지내던 랍비를 방문했다.

황제는 사전에 연락도 하지 않고 불시에 랍비의 집에 나타났지만, 거기서 그는 아주 즐거운 시간을 보낼 수 있었다. 식사는 매우 맛이 있었고, 사람들은 식탁에 둘러앉아 소리 높여 노래를 부르기도 하고 탈무드 이야기를 하기도 했다.

황제는 몹시 즐거워하면서 다음 수요일에 또 이곳에 오겠다고 말하고 돌아왔다.

수요일에 그가 왔을 때, 사람들은 미리 준비하고 기다리고 있었기 때문에 가장 좋은 식기가 준비되어 있었고, 지난번 안식일에는 쉬고 있었던 하인들도 모두 나와 옆에서 시중을 들었다. 요리사가 없어서 다 식은 요리만을 냈던 전번과는 달리 따뜻한 음식도 많이 내놓았다. 그럼에도 불구하고 황제가 물었다.

"식사는 역시 토요일 것이 더 맛이 있었소. 그날 요리에 사용했던 향료는 대체 무엇이오?"

랍비가 "로마 황제로서는 그 향료를 구할 수 없습니다."라고 말하자, 황제는 "아니오. 로마 황제는 어떤 향료든지 구할 수가 있소."라고 거침없이 말했다. 랍비는 이렇게 대답했다.

"유대의 안식일이라는 향료, 이것만은 로마 황제인 당신도 어떤 수단을 써도 구할 수 없는 것입니다."

다시 찾은 지갑

상인이 물건을 사려고 혼자서 시장에 들렀다. 며칠 뒤에 세일 한다는 것을 알게 된 그는 물건 사는 걸 며칠 연기하기로 했다. 그러나 그는 거액의 현금을 가지고 왔으므로, 그 돈을 그냥 가지고 있자니 여간 걱정되는 것이 아니었다. 그래서 아무도 없는 곳으로 가서 자기가 가지고 있던 돈을 모두 묻었다.

다음 날 그곳에 가보니 돈이 없어졌다. 그는 아무리 생각해보아도 자기가 돈을 묻는 것을 본 사람이 없었으므로, 어떻게 돈이 없어졌는지 이해할 수가 없었다.

그런데 거기서 좀 떨어진 곳에 집이 한 채 있었고, 그 집의 벽에 구멍이 뚫려 있는 것을 발견했다. 그는 그 집에 사는 사람이 그가 돈을 파묻는 것을 구멍을 통해 내다보고 나중에 꺼내갔음이 틀림없을 것이라고 생각했다. 그는 그 집으로 가서 거기에 살고 있는 남자에게 물었다.

"당신은 도시에 살고 있으니 머리가 아주 좋을 것입니다. 당신의 지혜를 좀 빌릴 일이 있어서 왔습니다. 사실 나는 물건을 사러 이곳에 왔는데, 지갑을 두 개 갖고 왔습니다. 하나는 은화가 500개 들어 있고, 또 하나에는 800개가 들어 있습니다. 나는 작은 지갑을 몰래 어떤 곳에 파묻어 두었습니다. 이제 큰 지갑도 묻어두는 것이 좋을지, 그렇지 않으면 누군가 믿을 만한 사람에게 맡기는 것이 좋을지 모르겠구려.”

남자가 대답했다.

“나는 사람은 누구든 믿지 않습니다. 만약 내가 당신이라면 작은 지갑을 묻었던 바로 그곳에 큰 지갑도 묻을 것이오.”

욕심 많은 남자는 상인이 집에서 나가자, 자기가 훔쳐왔던 지갑을 전에 묻혀 있던 곳에다 도로 갖다 놓았다. 상인은 그곳을 파내서 무사히 자기의 지갑을 다시 찾는 데 성공했다.

솔로몬 왕의 재판

안식일에 유대인 세 사람이 예루살렘에 왔다. 당시에는 은행이 없었기 때문에 세 사람은 갖고 있던 돈을 함께 파묻었다. 그런데 세 사람 중 한 사람이 몰래 그곳에 되돌아와서 돈을 가져가 버렸다. 이튿날 세 사람은 현자로 알려져 있던 솔로몬 왕을 찾아가 세 사람 중 누가 돈을 가져갔는지 재판을 받기로 했다. 그러나 솔로몬 왕은 이렇게 말했다.

"당신들 세 사람은 매우 현명한 분들이니까 우선 내가 지금 곤란을 겪고 있는 문제부터 도와주시오. 그러면 당신들 세 사람의 문제는 내가 재판해주겠소."

어떤 젊은 아가씨가 한 남자와 결혼하기로 약속했다. 그러나 얼마 후 아가씨는 다른 남자와 사랑하게 되어 처음의 남자에게 헤어지자고 말했다. 그녀는 위자료도 내겠다고 했다. 그러자 그 남자는 위자료는 필요 없다고 하면서 그녀와의 약혼을 취소했다.

그런데 그녀는 많은 돈을 가지고 있었기 때문에 어떤 노인에게 유괴당했다. 그녀는 "나는 결혼할 것을 약속한 남자에게 파혼하자고 요구했는데 위자료도 내지 않고 허락을 받았습니다. 당신도 그렇게 해주셔야 합니다."라고 요구했다. 노인은 돈을 받지 않고 그녀를 자유롭게 해주었다.

솔로몬 왕은 이 사람들 중에서 누가 가장 칭찬받을 사람인가 하고 물었다.

첫 번째 남자가 말했다.

"그녀와의 파혼을 허락해 주면서도 위자료를 받지 않았던 남자가 가장 칭찬받아야 합니다. 그녀의 뜻을 무시하면서까지 결혼하려고도 하지 않았으며 돈도 받지 않았기 때문입니다."

두 번째 남자가 말했다.

"그렇지 않습니다. 그 아가씨야말로 칭찬받을 만합니다. 그녀는 처음의 남자와 파혼하고 진정으로 사랑하는 남자와 결혼할 용기를 가졌기 때문입니다. 이것이야말로 훌륭한 것입니다."

세 번째 남자가 말했다.

"이 이야기는 조리가 맞지 않고 이해하기 어려운 부분이 많습니다. 무엇보다, 유괴한 사람의 경우만 보더라도 돈 때문에 유괴해 놓고 돈도 받지 않고 자유롭게 놓아주었다는 것은 말도 안 되는 이야기입니다."

솔로몬 왕이 큰 소리로 말했다.

"다른 두 사람은 애정이나 처녀와 약혼자 사이에 존재하는 인간관계, 혹은 그 사이의 긴장된 기분에 대해 마음을 쓰는데, 그대는 오로지 돈만을 생각하고 있다. 그대가 범인임에 틀림없다."

중용

군대가 어떤 길을 행군하고 있었다. 길 오른쪽에는 눈이 내리고 얼음이 얼어 있었다. 왼쪽은 불바다였다. 군대가 만일 오른쪽으로 가면 얼어 죽고, 왼쪽으로 가면 불타버리고 만다. 한가운데는 늘 따뜻함과 시원함이 적절히 섞여진 길이었다.

감사

나치 수용소에서 유대인이 600만 명이나 살해된 사실은 누구
나 잘 알고 있다. 후에 구출되어 살아남은 자가 트루먼에게 감사
의 뜻을 전하고자 탈무드를 선사했다.

그것은 전후 독일에서 인쇄된 것으로, 그토록 유대인 전멸을
꾀했던 나라에서도 역시 탈무드를 인쇄, 발행하고 있다는 것은 탈
무드의 위대함을 보여주는 증거다.

비즈니스

유대의 역사는 매우 길다. 성서 시대의 유대인 사회는 농경사회였다. 따라서 교역이 그다지 많지 않았으며, 상인이라는 말은 비유대인이라는 말과 동일어로 사용되고 있었다. 그러므로 유대인은 자기 집에서는 물건을 거의 매매하지 않았다. 유대인이 상업에 종사할 때는 계량을 정확히 하라든가, 속이지 말라든가 하는 간단한 도덕이 있었을 뿐이다.

그러나 탈무드 시대가 되자 교역 또는 상업이 꽤 발달하게 되어 탈무드에서도 상업에 대해 꽤 많은 관심을 나타내고 있다. 탈무드를 쓴 사람들은 세계가 점차 진보해간다고 생각하면서, 그 진보는 교역이 아주 발달한 세계가 되는 것으로 판단했다. 그리하여 상업 활동을 함에 있어 어떠한 도덕을 지켜야 하는가 하는 문제에 많은 지면을 할애하고 있다.

나는 탈무드를 편찬한 사람들이 장차 상업이 세계에서 가장 중요한 역할을 수행하리라 예견한 것은 매우 선견지명이 있었다고 생각한다. 그들은 장차 그러한 세계가 올 것을 예견하고 여러 가지로 대비하려 했다.

그들은 상업의 세계에서는 상업에 대한 고려가 원천이 되며, 따라서 상업의 규범은 일반 생활의 테두리 밖에 있는 특별한 것이어야 한다고 생각했다. 따라서 상업이란 탈무드적인 세계는 아니다. 말하자면 그것은 아무리 경건한 사람일지라도 상업은 상업으로

서 행하면 족하다는 이야기라 말할 수 있다.

그러나 탈무드에서는 어떻게 해야 도덕적인 사업가가 될 수 있는지를 생각하고 있었던 것이지, 결코 어떻게 하면 좋은 사업가가 될 수 있는지를 기록하고 있었던 것은 아니다. 그것은 탈무드가 자유방임주의의 상업 활동에 반대하고 있는 것으로도 잘 알 수 있다.

예를 들면, 물건을 사는 쪽은 어떤 특별한 보증이 없는 경우에도 자기가 산 물건이 좋은 품질이어야 한다는 것을 요구할 권리가 있다. 물건을 산다는 것은 결함이 없는 물건을 산다는 것이다. 상품에 결함이 있더라도 반품할 수 없다는 조건을 붙여 판 경우에도, 사는 쪽은 상품에 결함이 있으면 그 상품을 반품할 권리가 있다.

단 하나의 예외는 사는 쪽이 상품에 결함이 있는 것을 알고서 산 경우다. 가령 자동차를 팔 경우에, 이 차에는 엔진이 없다고 처음부터 알려주고 판다면 그때에는 반품을 받지 않아도 된다. 탈무드는 결함이 있는 상품을 파는 경우에는 그 결함을 구체적으로 상대방에게 설명하지 않으면 안 된다고 쓰여 있다. 따라서 물건을 사는 쪽은 우선 결함이나 사기 및 판매자가 간과한 잘못으로부터 보호받게 된다.

물건을 판다고 하는 것은 두 가지 요소로 성립된다. 하나는 그

124

물건의 대가를 지불하는 것, 또 하나는 그 물건을 운반하는 것이다. 그것은 판매자에게는 매입자의 손에 그 물건을 안전하게 전달할 의무가 있다는 말이다. 말하자면 탈무드는 어디까지나 매입자의 편을 옹호하고 있다. 또 판매자는 그 물건을 확실히 갖고 있지 않으면 안 된다. 남의 물건을 팔거나 해서는 안 되기 때문이다.

매매

탈무드 시대부터 계량을 감독하는 관리가 있었다. 토지를 재는 줄자도 여름과 겨울에 각기 다른 것을 사용했다. 왜냐하면 줄자에 신축성이 있기 때문이다. 또 액체를 파는 경우 항아리 바닥에 전에 담았던 액체가 굳어 남아 있어서는 안 되므로, 늘 항아리의 밑바닥을 깨끗이 하도록 엄격하게 감독했다.

물건에 따라 다르지만 물건을 산 후 하루 내지 일주일 동안 사람들에게 보여 의견을 들을 권리가 매입자에게는 있었다. 그것은 자기가 전혀 알지 못하는 물건을 사는 경우, 매입자는 그것을 올바르게 판단할 수 없기 때문이다.

탈무드 시대에는 일정한 가격이 정해져 있지 않았다. 오늘날에는 어떤 차는 얼마라는 것이 거의 정해져 있지만, 당시에는 판매자가 마음대로 값을 매겼다.

만약 상식적인 값보다 6분의 1 이상 비싼 가격으로 샀을 경우, 예를 들어 보통 600원에 팔리고 있는 것을 800원에 샀을 경우, 이 매매는 무효가 된다는 것이 탈무드의 통례이다. 또한 판매자가 계량을 잘못한 경우 매입자는 올바른 계량을 요구할 권리가 있다.

한편 판매자를 보호하기 위해 매입자가 살 의사가 없으면서 상담을 요구해서는 안 된다고 되어 있다. 또한 다른 사람이 이미 살 의사를 표시하고 있는 물건을 사서는 안 된다는 따위들이 규정되어 있다.

토지

두 사람의 랍비가 어떤 토지를 사려고 했다. 한 랍비가 그 토지의 값을 부르고 흥정하고 있는데, 다른 한 명의 랍비가 와서 그것을 선뜻 사버렸다.

그래서 어떤 사람이 두 번째 랍비에게 가서 "어떤 사람이 과자를 사려고 가게에 들렀더니 벌써 다른 사람이 먼저 와서 그 과자의 품질을 조사하고 있었습니다. 그때 나중에 온 사람이 그 과자를 사버렸다면 그 사람의 행동은 잘한 것입니까, 잘못한 것입니까?"라고 묻자, 그 랍비는 "그것은 나쁜 일임에 틀림없습니다."라고 대답했다.

그러자 남자는 이번에는 "당신이 토지를 살 때, 당신보다 먼저 온 사람이 있었습니다. 그 사람은 가격을 놓고 흥정하고 있는 중이었소. 그런데 당신은 그런 일을 해도 괜찮습니까?"라고 말했다. 그리하여 이 문제를 어떻게 해결해야 좋은가 의논하기 시작했다.

하나의 해결책으로 제안된 것은 두 번째 랍비가 토지를 처음의 랍비에게 파는 것이었다. 그러자 두 번째 랍비는 "안 됩니다. 나는 물건을 사서 곧 다시 파는 경우 나쁜 일이 생기곤 했기 때문에 그렇게 할 수 없습니다."라고 거절했다.

둘째 해결책은 첫 번째 랍비에게 선물로서 그 토지를 주는 것이었으나, 첫 번째 랍비는 도저히 선물로는 그 토지를 받을 수 없다고 했다.

결국 그 랍비는 토지를 학교에 기부하였다.

03

유대인의 눈

눈은 얼굴 중에서 가장 작은 부분이면서도 입에 못지 않게 말을 하며, 실로 격언이나 속담이 가지고 있는 매력을 그대로 갖추고 있다. 탈무드는 그 무한한 보고이기도 하다. 그것은 오래도록 계속 이야기되어 온 유대인의 지혜가 응집된 것이라고도 말할 수 있으리라. 이 장에서는 이러한 것들 가운데 아주 일부만을 인용해보았다. 당신의 사색이 보다 심원하고, 보다 고매해지기 위한 자양분이 될 것이다.

인간

✠ 인간은 심장 가까운 곳에 유방이 있다. 동물은 심장에서 먼 곳
  에 유방이 있다. 이것은 하느님의 깊은 배려이다.
✠ 반성하는 자가 서 있는 땅은 가장 위대한 랍비가 서 있는 땅
  보다 존귀하다.
✠ 세계는 진리, 법, 평화라는 세 가지 토대 위에 서 있다.
✠ 휴일이 인간에게 주어진 것이지, 인간이 휴일에게 주어진 것은
  아니다.
✠ 백성의 소리는 하느님의 소리이다.

하느님이 말했다.
"나에게는 네 명의 아이가 있다. 너희에게도 네 명의 아이가
있다. 너희의 네 아이는 아들, 딸, 남자종, 아내이고, 나의 네 아이
는 미망인, 고아, 이방인, 승려이다. 나는 너희의 아이들을 돌보아
주겠다. 너희는 나의 아이들을 돌봐다오."
✠ 인간은 남의 하찮은 피부병은 금방 알아내도 자신의 중병은
  깨닫지 못한다.
✠ 거짓말쟁이에게 주어지는 최대의 벌은 그가 진실을 이야기했을
  때도 사람들이 믿지 않는 것이다.
✠ 인간은 20년이나 걸려 깨달은 것을 불과 2년 만에 잊어버릴 수
  있다.

✤ 사람은 세 개의 이름을 갖는다. 태어날 때 부모가 붙여준 이름, 친구들이 우애의 정으로서 부르는 이름, 그리고 자기 생애가 끝날 때까지 얻는 명성이다.

❁ 인간은 환경에 의해 명예가 높아지는 것이 아니라 인간이 그 환경의 명예를 높이는 것이다.

❁ 전 인류는 단 하나의 조상밖에 갖고 있지 않다. 그러므로 어떤 인간도 다른 인간보다 뛰어나다는 것은 있을 수 없다. 만약 당신이 한 사람의 인간을 죽였다면, 그것은 전 인류를 죽인 것과 같다. 그리고 한 사람의 생명을 구했다면, 그것은 전 인류의 운명을 구한 것과 같다. 왜냐하면 세계는 한 사람의 인간에 의해 시작되었으며, 그 최초의 인간이 죽었다면 인류는 오늘날 존재하지 않았을 것이기 때문이다.

❁ 영리한 사람과 현명한 사람의 차이 — 영리한 사람은, 현명한 사람이라면 결코 빠지지 않을 곤란한 상황에서 요령 있게 빠져나오는 사람을 말한다.

❁ 어떤 사람은 젊은데도 늙었고, 또 어떤 사람은 늙었는데도 젊다.

❁ 자신의 결점만 걱정하는 사람에게는 남의 결점이 보이지 않는다.

❁ 음식을 가지고 장난하는 자는 배부른 사람이다.

❁ 부끄러움을 모르는 것과 자부심은 형제간이다.

❁ 하루 공부하지 않으면 그것을 만회하기 위해서는 이틀이 걸린다. 이틀 공부하지 않으면 그것을 만회하기 위해서는 나흘이

걸린다. 1년 공부하지 않으면 그것을 만회하기 위해서는 2년이
걸린다.

✣ 어리석은 사람은 이웃 사람의 수입에는 마음을 쓰나 자신이 낭
비하는 것은 걱정하지 않는다.

✣ 눈이 보이지 않는 것보다는 마음이 보이지 않는 것이 더 불행
하다.

✣ 만나는 모든 사람에게서 무엇인가 배울 수 있는 사람이 세상에
서 가장 현명한 사람이다.

✣ 강한 사람 — 그것은 자신을 억제할 수 있는 사람이다.

✣ 강한 사람 — 그것은 적을 친구로 바꿀 수 있는 사람이다.

✣ 부자란 자신이 가지고 있는 것에 만족할 줄 아는 사람이다.

✣ 남을 칭찬할 줄 아는 사람이야말로 진정 가장 칭찬받을 만한
사람이다.

✣ 진리는 무거운 것이다. 그러므로 젊은이들만이 그것을 운반할
수 있다.

평가

유대인이 사람을 평가하는 세 가지 기준이 있다.

첫째, 지갑을 넣는 주머니.
둘째, 술을 마시는 유리잔.
셋째, 화를 내는 것.
(돈을 어떻게 사용하는가, 술을 마시는 방법은 깨끗한가 더러운가, 또 인내심은 강한 사람인가 아닌가를 말한다.)

인간의 유형은 네 가지로 나눌 수 있다.

• 일반적인 인간형 ─ 내 것은 내 것이고, 네 것은 네 것이라고 하는 인간.
• 색다른 인간형 ─ 내 것은 네 것이고, 네 것은 내 것이라고 하는 인간.
• 정의감이 강한 인간형 ─ 내 것은 네 것이고, 네 것도 네 것이라고 하는 인간.
• 사악한 인간형 ─ 내 것은 내 것이고, 네 것도 내 것이라고 하는 인간.

현자 앞에 앉은 인간은 셋으로 분류된다.

- 스펀지형 — 무엇이나 흡수한다.
- 터널형 — 오른쪽 귀로 듣고 왼쪽 귀로 흘려버린다.
- 체형 — 중요한 것과 그렇지 않은 것을 선별한다.

현자가 되는 일곱 가지 조건이 있다.

- 자기보다 현명한 사람이 있을 때는 침묵한다.
- 남이 이야기할 때 가로막지 않는다.
- 대답할 때 서두르지 않는다.
- 언제나 핵심을 질문하고 간략하게 대답한다.
- 먼저 해야 할 일부터 손을 대고, 뒤로 돌려도 될 일은 최후에 한다.
- 자기가 알지 못할 때는 그것을 인정한다.
- 진실을 받아들인다.

인간은 세 친구를 가지고 있다.

- 자식과 재산, 그리고 선행이다.

여자 ⠭⠭⠭

✺ 어떤 남자든 여자의 요염한 아름다움에는 저항할 수 없다.

✺ 여자의 질투심은 한 가지 원인밖에 없다.

✺ 여자는 자신의 외모를 가장 중히 여긴다.

✺ 여자는 남자보다 육감이 빠르다.

✺ 여자는 남자보다 정이 두텁다.

✺ 여자는 불합리한 신앙에 빠지기 쉽다.

✺ 불순한 동기에서 생겨난 애정은 그 동기가 소멸되면 사라지고 만다.

✺ 사랑에 빠진 자는 남의 충고에 귀 기울이지 않는다.

✺ 여자가 술을 한 잔 마시는 것은 대단히 좋은 일이다. 그러나 두 잔 마시면 품위가 떨어지고, 세 잔째는 부도덕해지며, 네 잔째는 자멸하게 된다.

✺ 정열 때문에 결혼을 하더라도, 정열은 결혼보다 오래 지속되지 않는다.

✺ 하느님이 최초에 만든 남자는 양성을 겸하고 있었다. 그러므로 남자의 몸에도 여성호르몬이 있고, 여자의 몸에도 남성호르몬이 있는 것이다.

✺ 남자가 여자에게 끌리는 것은 남자의 갈비뼈로 여자를 만든 이래 남자들이 잃어버린 자신의 일부를 되찾으려 하기 때문이다.

✺ 하느님이 최초의 여자를 남자의 머리로 만들지 않은 것은 여자

가 남자를 지배해서는 안 되기 때문이다. 또한 다리로 만들지 않은 것은 남자의 노예가 되어서도 안 되기 때문이다. 갈비뼈를 빌려 만든 것은 여자가 항상 남자의 곁에 있을 수 있게 하기 위해서이다.

친구

✠ 아내를 고를 때는 수준을 한 단계 내리고, 친구를 고를 때는
수준을 한 단계 높여라.

✠ 친구가 화가 났을 때는 달래고, 슬퍼하고 있을 때는 위로하라.

우정

❋ 만약 친구가 채소를 갖고 있거든 고기를 갖다주어라.

❋ 당신의 친구가 당신에게 꿀처럼 달콤하다 하더라도 전부 빨아
먹어서는 안 된다.

술

- 술이 머리에 들어가면 비밀이 밀려 나온다.
- 웨이터의 매너가 좋으면 어떤 술이라도 빛깔과 맛이 좋은 술이 된다.
- 악마는 인간을 방문하기에 너무 바쁘면 자기 대신 술을 보낸다.
- 포도주는 새것일 때도 포도주의 맛이 난다. 그러나 묵으면 묵을수록 맛이 좋아진다. 지혜도 똑같다. 해를 거듭할수록 지혜는 그 내용이 좋아진다.
- 아침에 늦게 일어나고, 낮술을 마시고, 저녁에는 쓸데없는 이야기나 하는 사람은 일생을 간단히 헛되게 만들 수 있다.
- 술은 금이나 은 그릇에서는 잘 양조되지 않으나 지혜로 만든 그릇에서는 아주 잘 양조된다.

가정

✳ 부부가 진실로 서로 사랑하고 있으면 칼날과 같이 좁은 침대에서도 잠잘 수 있지만, 서로 사랑하지 않으면 10미터나 되는 넓은 침대도 좁다.

✳ 세상에서 가장 행복한 사람은 누구인가? 그것은 좋은 아내를 맞이한 남자다.

✳ 남자는 결혼하면 죄가 불어난다.

✳ 아내를 이유 없이 학대하지 말라. 하느님이 그녀의 눈물방울을 헤아리고 있다.

✳ 모든 질병 가운데에서 마음의 병만큼 고통스러운 것은 없다. 모든 악 가운데에서 악처만큼 나쁜 것은 없다.

✳ 이 세상에서 무엇과도 바꿀 수 없는 것 — 그것은 바로 젊었을 때 결혼하여 함께 살아온 늙은 아내다.

✳ 남자의 집은 아내다.

✳ 아내를 고를 때는 겁쟁이가 되어라.

✳ 여자를 만나보지 않고 결혼해서는 안 된다.

✳ 자식들을 기를 때는 차별을 두어서는 안 된다.

✳ 자식은 어릴 때는 엄하게 꾸짖고, 자란 뒤에는 꾸짖지 말라.

✳ 어린아이는 엄하게 버릇을 가르쳐야 하나 아이를 기죽게 해서는 안 된다.

✳ 아이들을 꾸짖을 때는 엄하게 한 번만 야단쳐야지, 언제까지나

계속 잔소리로 나무라서는 안 된다.

✤ 아이들은 부모의 말씨를 모방한다. 성격은 그 말씨로 알 수 있다.

✤ 아이들에게 약속한 것은 반드시 지켜라. 지키지 않으면 당신은 아이들에게 거짓말을 가르치는 것이 된다.

✤ 가정에서 부도덕한 행동을 하는 것은 과일에 벌레가 들어간 것 과 같다. 알아차리지 못하는 사이에 퍼져 나가게 마련이다.

✤ 자식들은 아버지를 존경해야 한다.

✤ 아버지의 자리에 자식이 앉아서는 안 된다.

✤ 아버지에게 말대꾸해서는 안 된다.

✤ 아버지가 다른 사람과 논쟁하고 있을 때 다른 사람의 편을 들 어서는 안 된다.

✤ 아버지를 공경하고 아버지에게 순종하는 것은 아버지가 자식 을 위하여 먹을 것과 의복을 마련해주기 때문이다.

돈

* 사람에게 상처주는 것이 세 가지가 있다. 근심, 말다툼, 빈 지갑. 그중에서 빈 지갑이 사람에게 가장 많은 상처를 준다.
* 신체의 모든 부위는 마음에 의지하고 있다. 그런데 마음은 지갑에 의지하고 있다.
* 돈은 상거래에 사용되어야지, 술을 위해 사용되어서는 안 된다.
* 돈은 나쁜 것도 아니며 저주받을 것도 아니다. 돈은 사람을 축복해주는 것이다.
* 돈은 하느님한테서 선물을 살 기회를 준다.
* 돈을 빌려준 사람에 대해서는 누구나 참을성이 많아진다.
* 부귀는 튼튼한 요새이며, 빈곤은 황량한 폐허이다.
* 돈이나 물건은 '주는 것'보다는 '빌려주는 것'이 좋다. 그냥 주게 되면 받은 자는 주는 자보다 밑에 있지 않으면 안 되나, 빌려주고 꾸어 쓰는 경우는 대등할 수 있다.

섹스

히브리어 야다Yada는 섹스를 의미한다. 동시에 야다란 '상대방을 안다'는 것을 의미한다. 예를 들면 성서에서 아담은 이브를 '알고서' 아들을 낳았다고 되어 있는데, '안다'는 것은 '성관계를 갖는다'는 의미도 겸하고 만다. '사랑하는 것은 안다는 것이다'라고 흔히 말하는데, 사랑한다는 것은 함께 자는 것이라고 해석할 수 있다.

- ✠ 야다는 창조의 행위이다. 이것 없이는 자기완성을 이룰 수 없다.
- ✠ 섹스는 일생 동안 한 사람에 대해서만 행해져야 한다.
- ✠ 섹스는 자연의 일부이다. 그러므로 성행위를 함에 있어서 본래 부자연한 것이라고는 있을 수 없다.
- ✠ 섹스는 극히 개인적인 관계에서 행해지고 아주 친밀한 분위기 속에서 행해져야 한다. 자신을 컨트롤할 수 없는 상황에서는 성행위를 해서는 안 된다.
- ✠ 아내의 동의 없이 아내와 성행위를 해서는 안 된다. 아내가 하고 싶은 마음이 없을 때 남편이 성행위를 요구하는 것은 금지되어 있다.

교육

* 향수 가게에 들어갔다 나오면 아무것도 사지 않았더라도 몸에서 향수 냄새가 난다. 가죽 가게에 들어갔다 나오면 아무것도 사지 않았더라도 나쁜 냄새가 몸에 밴다.
* 칼을 가지고 선 사람은 책을 가지고 설 수 없다. 책을 가지고 선 사람은 칼을 가지고 설 수 없다.
* 자기를 아는 것이 최고의 지혜이다.
* 의사의 충고를 따르면 의사에게 돈을 지불할 필요가 없어진다.
* 값비싼 진주가 없어졌을 때 그것을 찾기 위해 아무 가치도 없는 양초를 사용한다.
* 가난한 사람의 자식은 칭송받게 될 것이다. 인류에게 뛰어난 지혜를 가져다준 것은 그들이었기 때문이다.
* 기억을 증진시키는 가장 좋은 약은 감탄하는 것이다.
* 사람은 학교가 없는 마을에서는 살 수 없다.
* 고양이에게는 겸허함을 배울 수 있고, 개미에게는 정직함을 배울 수 있다. 비둘기에게는 정절을 배울 수 있고, 수탉에게는 재산의 권리를 배울 수 있다.
* 이름이 팔리면 곧 잊힌다.
* 지식이 얕으면 곧 잃게 된다.
* 아이들을 가르친다는 것은 어떻게 한다는 것일까? 그것은 백

지에 무엇을 쓰는 것과 같다. 노인을 가르친다는 것은 어떻게 한다는 것일까? 그것은 이미 많은 것이 쓰여 있는 종이의 여백에다 무엇을 써넣는 것과 같은 것이다.

악

✤ 악의 충동은 구리와 같은 것이어서, 불 속에 있을 때는 어떤 형
태로도 만들 수가 있다. 만약 인간에게 악의 충동이 없다면 집
도 짓지 않고, 아내를 구하지도 않고, 자식을 낳지도 않을 것이
며, 일도 하지 않을 것이다.

✤ 만약 당신이 악의 충동에 쫓기고 있다면, 그것을 물리치기 위
해 무엇인가를 배우기 시작하라.

✤ 다른 사람보다 뛰어난 사람은 악의 충동에도 그만큼 강하다.

✤ 세상에는 옳은 일만 하는 사람은 없다. 반드시 나쁜 일도 하고
있다.

✤ 악의 충동은 처음엔 몹시 달콤하다. 그러나 끝났을 때는 매우
쓰다.

✤ 열세 살부터 인간 속에 있는 악의 충동은 점점 선의 충동보다
강하게 된다.

✤ 죄악은 태아 시절부터 인간의 마음속에서 싹터 인간이 자람에
따라 강하게 된다.

✤ 죄는 미워하되 사람은 미워하지 말라.

✤ 죄는 처음에는 여자처럼 약하나, 내버려두면 남자처럼 강하게
된다.

✤ 죄는 처음엔 거미줄만큼 가늘다. 그러나 나중에는 배를 매어
두는 밧줄만큼 강하게 된다.

✠ 죄는 처음엔 손님이다. 그러나 그대로 두면 손님이 그 집의 주인이 되어버리고 만다.

중상

* 남을 헐뜯는 것은 살인보다도 위험하다. 살인은 한 사람밖에 죽이지 않는데, 중상은 반드시 세 사람을 죽인다. 즉 남을 헐뜯는 바로 그 사람 자신, 그것을 막지 않고 듣고 있는 사람, 그 중상의 대상이 된 사람이다.

* 남을 헐뜯는 것은 무기를 들고 사람을 해치는 것보다도 죄가 더 무겁다. 무기는 거리가 가깝지 않으면 상대방을 해칠 수 없으나 중상은 멀리 떨어져 있는 사람도 해칠 수 있기 때문이다.

* 타고 있는 장작에 물을 부으면 속까지 차가워질 수 있지만, 중상으로 화가 난 사람은 용서를 빌어도 마음속의 불을 끌 수 없다.

* 아무리 선하더라도 입이 험한 사람은 훌륭한 궁전 근처에 있는 악취 나는 가죽 가게와 같다.

* 인간은 입이 하나, 귀가 둘 있다. 이것은 말하는 것보다 듣는 것을 더 많이 하라는 뜻이다.

* 손가락이 자유로이 움직이는 것은 중상을 듣지 않기 위해서이다. 중상이 들려오면 급히 귀를 막아야 한다.

* 물고기는 언제나 입 때문에 낚인다. 인간도 역시 입 때문에 걸려든다.

판사

❖ 판사의 자격이란 겸허하고, 언제나 선행을 중히 여기고, 무엇인가 결정을 내릴 만한 용기를 가져야 하며, 지나온 과거의 경력이 깨끗해야 한다.

❖ 극형을 언도하려고 하는 판사는 누가 자기의 등 뒤에서 칼을 들이대고 있는 것 같은 심정으로 임해야만 한다.

❖ 판사는 반드시 진실과 평화, 양쪽을 모두 추구하지 않으면 안 된다. 그러나 진실을 추구하면 평화가 깨지게 된다. 그러므로 진실도 버리지 않으면서 평화도 지킬 수 있는 길을 찾아야 한다. 그것이 타협이다.

동물

✤ 고양이와 쥐도 먹이를 함께 먹고 있을 때는 싸우지 않는다.

✤ 여우의 머리가 되기보다는 사자의 꼬리가 돼라.

✤ 한 마리의 개가 짖기 시작하면 온 동네의 개가 짖어댄다.

✤ 동물은 자기와 같은 종류의 동물끼리만 함께 생활한다. 이리와
   양, 혹은 하이에나와 개가 서로 어울리는 법이 없다. 부자와 가
   난뱅이도 그와 마찬가지다.

처세

❊ 선행에 대해 문을 닫는 자는 그다음에는 의사에 대해 문을 열지 않으면 안 될 것이다.

❊ 좋은 항아리를 가지고 있다면 그날 바로 사용하라. 내일이면 혹시 깨질지도 모른다.

❊ 올바른 사람은 자신의 욕망을 조절할 수 있으나, 올바르지 못한 사람은 욕망에 자신이 조절당한다.

❊ 남의 자선을 받고 살기보다는 가난하게 사는 편이 더 낫다.

❊ 사람들 앞에서 부끄러워하는 사람과 자기 자신 앞에서 부끄러워하는 사람 사이에는 커다란 차이가 있다.

❊ 세상에는 도가 지나치면 안 되는 것이 여덟 가지가 있는데, 그것은 여행, 여자 친구, 재산, 일, 술, 잠, 약, 향료이다.

❊ 세상에는 지나치게 많이 사용하면 좋지 않은 것이 세 가지 있다. 그것은 빵의 이스트, 소금, 망설임이다.

❊ 한 개의 동전이 들어 있는 항아리는 요란한 소리를 내나, 동전이 가득 들어 있는 항아리는 소리를 내지 않는다.

❊ 전당포는 과부의 물건을 저당 잡아서는 안 된다.

❊ 여자와 아이들이 가진 물건을 저당 잡아서는 안 된다.

❊ 명성을 좇아서 뛰는 자에게는 명성이 따라붙지 않는다. 그러나 명성을 피하여 뛰는 자에게는 명성이 따라붙는다.

❊ 물건을 가지고 나오지 않은 도둑은 스스로를 정직하다고 생각

한다.

❀ 결혼의 목적은 즐거움, 장례식 참석자의 목적은 침묵, 강의의 목적은 듣는 것, 사람을 방문할 때의 목적은 일찍 도착하는 것, 교육의 목적은 집중, 금식의 목적은 여유 있는 돈으로 자선을 베푸는 것이다.

❀ 인간에게는 여섯 가지 쓸모 있는 부분이 있다. 그 가운데 세 개는 자신의 힘으로 조절할 수 없는 데 반해, 나머지 세 개는 자신이 조절 가능한 부분이다. 눈·귀·코는 전자에 속하며, 입·손·다리는 후자에 속한다.

❀ 당신의 혀에게 '나는 잘 모르겠습니다'라는 말을 진지하게 가르쳐라.

❀ 장미꽃은 가시 속에서 자란다.

❀ 무료로 처방을 내리는 의사의 충고는 듣지 말라.

❀ 항아리를 보지 말고 그 속에 들어 있는 것을 보아라.

❀ 나무는 그 열매에 의해 알려지고, 사람은 그가 행한 일에 의해 평가된다.

❀ 이제 막 열리기 시작한 오이를 보고는 그 오이가 나중에 맛이 있을지 없을지 알 수 없다.

❀ 행동은 말보다 더 소리가 큰 법이다.

❀ 타인으로 하여금 자기를 칭찬하게 하는 것은 좋으나, 자신의

입으로 자기를 칭찬하지는 말라.

✾ 훌륭한 인물이 아랫사람이 하는 말을 들어주고, 노인이 젊은 사람이 하는 말에 귀 기울이는 사회는 축복받아 마땅하다.

✾ 노화를 재촉하는 네 가지 원인은 공포, 분노, 자식, 악처이다.

✾ 사람의 마음을 가라앉게 하는 세 가지는 명곡, 조용한 풍경, 좋은 향기이다.

✾ 사람으로 하여금 자신을 갖게 해주는 세 가지는 좋은 가정, 좋은 아내, 좋은 의복이다.

✾ 아무리 부자라도 선행을 하지 않는 인간은 맛있는 요리가 즐비한 식탁에 소금이 없는 것과 같다.

✾ 자선에 대한 사람들의 태도에는 네 가지 유형이 있다.

• 자기 스스로 사람들에게 돈이나 물건을 주지만, 다른 사람이 자신과 똑같이 자선을 베푸는 것을 보면 좋아하지 않는다.

• 다른 사람이 자선을 베풀기를 바라면서, 자기 자신은 자선을 베풀지 않는다.

• 자기도 기꺼이 자선을 베풀고, 남도 또 자선을 베풀기를 바란다.

• 자기가 자선을 베푸는 것도 좋아하지 않고, 남이 자선을 베푸는 것도 좋아하지 않는다.

(첫 번째 유형은 질투심이 많고, 두 번째 유형은 자신을 비하시키고 있

고, 세 번째 유형은 선한 사람들이며, 네 번째 유형은 완전히 악한 사람이다.)

✠ 한 자루의 초로 여러 개의 초에 불을 붙이더라도 처음의 불빛은 약해지지 않는다.

✠ 하느님이 상을 내리는 세 가지 경우가 있다.

- 가난한 사람이 물건을 주워 그것을 주인에게 돌려주는 경우.
- 부자가 자기 수입의 10퍼센트를 은밀히 가난한 사람에게 주는 경우.
- 도시에 살고 있는 독신자로서 죄를 범하지 않는 경우.

✠ 세상에 살아 있어도 살아 있다고 할 수 없는 남자란, 식사라도 할 수 있는 자기 집도 갖지 못하고, 항상 아내에게 무시당하여 야단이나 맞고, 몸의 여기저기가 아파 늘 고통스러워하는 사람을 말한다.

✠ 일생에 단 한 번 염소고기와 닭고기를 배불리 먹고 나머지 날은 굶주리는 것보다는 일생 동안 양파만 먹는 편이 낫다.

✠ 자기보존은 모든 것보다도 우선한다. 다만 다음의 세 가지 경우에는 자기의 목숨을 버리는 것이 더 낫다.

- 남을 죽일 때.
- 불륜한 성관계를 가질 때.
- 근친상간을 할 때.

❦ 상인이 해서는 안 되는 일이 있다.

- 과대선전.
- 값을 올리기 위하여 매점매석하는 일.
- 저울눈을 속이는 일.

❦ 달콤한 과일에는 그만큼 벌레도 많고, 재산이 많으면 근심도 많다. 여자가 많으면 잔소리도 많고, 여종이 많으면 그만큼 풍기도 문란하고, 남종이 많으면 집 안 물건들의 분실이 잦다. 스승에게 많이 배우면 인생은 보다 풍요로워지고, 명상을 오래 하면 지혜가 늘고, 사람을 만나 유익한 이야기를 들으면 좋은 길이 열리고, 자선을 많이 베풀면 그만큼 널리 평화가 깃들게 된다.

04

유대인의 머리

머리는 인간의 모든 행동의 총사령부이다. 탈무드 속에 있는 일화나 격언을 읽는 것만으로는 아무런 의미가 없다. 머리를 써서 생각할 때에 비로소 탈무드의 가르침이 살아나게 되는 것이다. 나도 하나의 낱말을 가지고 반나절이고 한나절이고 곰곰이 생각하는 경우가 가끔 있다. 이 장에서는 내가 생각한 것을 조금 펼쳐보이고자 한다. 현명한 독자들은 이 생각을 더욱더 발전시켜주기 바란다.

사랑

세상에는 열두 개의 강한 것이 있다. 먼저 돌이다. 그러나 돌은 쇠에 의하여 깎인다. 쇠는 불에 녹아버린다. 불은 물에 의해 꺼진다. 물은 구름 속에 흡수된다. 구름은 바람이 불면 흩날린다. 그러나 바람은 인간을 결코 날려 보내지 못한다. 그 인간도 공포에 의해 비참하게 산산조각으로 부서진다. 공포는 술로 떨쳐버릴 수 있다. 술은 잠을 자고 나면 깬다. 그 잠도 죽음보다 강하지는 않다. 그러나 그 죽음조차도 사랑에는 이기지 못한다.

죽음

짐을 가득 실은 배 두 척이 항구에 떠 있다. 하나는 출항하려 하고, 또 하나는 이제 막 입항한 것이다. 사람들은 흔히 배가 떠나갈 때는 아주 성대하게 환송하나, 돌아올 때는 별로 환영하지 않는다. 탈무드에 따르면 이것은 대단히 어리석은 습관이다. 떠나가는 배의 미래는 알 수가 없다. 태풍을 만나 침몰할지도 모른다. 그런데 왜 성대하게 배웅하는 것일까. 오랜 항해를 끝내고 배가 무사히 돌아왔을 때야말로 진정으로 기뻐해야 할 때이다. 그것은 하나의 임무를 완수하고 돌아오는 것이기 때문이다.

인생에 대해서도 똑같이 말할 수 있다. 아이가 태어났을 때는 모두가 축복한다. 이것은 마치 아이가 이제 막 인생이라고 하는 바다에 출항하려 하는 것과 같은 것으로, 그 아이의 미래에 무슨 일이 일어날지 알 수 없다. 병으로 생명을 잃게 될지도 모르며, 그 아이가 흉악한 살인범이 될지도 모른다. 그러나 사람이 영원히 잠들게 될 때는 그가 일생 동안 무엇을 해왔는가 하는 것이 모든 사람에게 알려져 있으므로, 바로 이때야말로 그를 축복할 때인 것이다.

진리라는 말 —————— ✳

히브리어의 알파벳을 아이들에게 가르칠 때는 하나하나의 알파벳에 의미를 갖게 하고 있다. 한 가지 예로 히브리어로 '진리'라고 하는 말은 히브리어 알파벳의 맨 앞의 문자와 맨 끝의 문자와 한가운데의 문자를 사용하고 있다. 진리란 유대인에게 있어서는 왼쪽 것도 올바르고, 오른쪽 것도 올바르고, 한가운데 것도 올바르다는 것을 아이들에게 가르치고 있는 것이다.

맥주

탈무드에서는 하인 또는 노예도 주인과 같은 음식을 먹지 않으면 안 된다고 가르치고 있다. 또 주인이 좋은 자리에 앉으면 하인에게도 같은 것을 내주지 않으면 안 된다. 위대한 인물이라고 해서 높은 자리에 앉아서는 안 된다.

내가 이스라엘에 갔을 때, 전방 부대장의 초대를 받아 식사를 같이한 적이 있다. 병사가 맥주를 가져왔다. 그러자 부대장은 "병사들도 마시는가?" 하고 병사에게 물었다. "오늘은 맥주가 조금밖에 없어서 여기에만 가지고 왔습니다." 하고 병사가 대답하자, 부대장은 "그러면 나도 오늘은 마시지 않기로 하겠다."라고 말했다. 이것이 유대인의 전통적인 사고방식이다.

죄

인간은 누구나 죄를 범한다. 따라서 유대교의 가르침에는 동양의 도덕과 같은 엄격하고 긴장된 분위기가 없다. 유대인은 죄를 범해도 유대인이다.

유대의 죄에 대한 관념은, 가령 화살을 과녁에 맞히는 능력이 있음에도 불구하고 맞히지 못할 때가 있는 것과 같이, 본래는 범할 리가 없는데 어쩌다 범해버렸다고 생각하는 정도이다.

유대인이 죄의 용서를 빌 때에는 '나'라고 하지 않고 반드시 '우리'라고 한다.

자기 혼자서 범한 죄일지라도 반드시 여러 사람이 저지른 것으로 생각하는 것이다. 유대인은 하나의 커다란 가족이라고 생각하고 있기 때문에, 자기 혼자 죄를 범했어도 모두가 죄를 범한 것이 되는 것이다.

설령 자기는 물건을 훔치지 않았다 하더라도 누군가가 물건을 훔쳐간 것에 대해 하느님께 용서를 빌지 않으면 안 된다. 그것은 자기의 자선이 부족하여 누군가가 저지른 일이라고 생각하기 때문이다.

손

인간은 태어날 때는 손을 꼭 쥐고 있지만 죽을 때는 손을 펴고 있다. 왜 그럴까?

태어날 때에는 이 세상의 모든 것을 붙잡아보려는 욕망 때문이며, 죽을 때는 모든 것을 남아 있는 사람들에게 주고 아무것도 가지고 가지 않는다는 뜻이다.

스승

유대인 가정에서는 반드시 아버지가 자식들에게 탈무드를 가르친다. 아버지가 지나치게 엄하거나 정이 없으면 아이들은 아버지를 두려워한 나머지 배우려는 마음의 여유조차 잃어버리고 만다. 히브리어로 'Father'는 '스승'이라는 의미도 있다. 가톨릭의 신부가 'Father'라고 불리는 것도 히브리어의 개념을 따른 것이다. 유대에서는 자기 아버지보다도 스승을 더욱 소중하게 여긴다. 아버지와 스승 두 사람이 동시에 감옥에 들어갔을 경우 한 사람만 빼낼 수 있다면, 자식은 스승을 나오게 한다. 유대에서는 지식을 전하는 스승이 더욱 소중하기 때문이다.

성스러운 것

이것은 영어나 다른 말에는 없는 개념으로서, 인간에게는 동물에서부터 천사에까지 이르는 폭이 있어 천사에 가까워짐에 따라 성스러워진다는 생각이다.

"성스러움이란 어떤 것인가?" 하고 랍비가 학생들에게 묻자, 대부분의 학생은 하느님을 위해 목숨을 바치는 것이라고 말했고, 어떤 학생은 늘 기도하는 것이라고 대답하는 등 여러 가지 대답이 나왔다.

그러자 랍비는 "답은 여러분이 무엇을 먹는가와 성행위를 하는가에 달려 있다."라고 말했다. 학생들이 웅성거리며 "돼지고기를 먹지 않는다든가, 어떠한 때에는 섹스를 하지 않는다든가 하는 것이 성스러움입니까?" 하고 물었다.

그 이유는 이렇다. 안식일을 지키는지 안 지키는지는 누구라도 알 수 있다. 하느님을 위하여 목숨을 바치는 것도 당장에 알 수 있다. 그러나 여러분이 자기 집에서 어떤 것을 먹는지는 아무도 알 수가 없다. 남의 집에서나 거리에서 식사를 할 때는 유대의 모든 율법을 지켜 식사를 한다 해도, 집에 들어가서는 율법에 어긋나는 식사를 할지도 모르기 때문이다.

성행위도 역시 남이 보지 않는 데서 행해지는 것이다. 그러므로 집에서 식사하고 있을 때와 성행위를 하고 있을 때는 인간은 동물에서 천사 사이의 어디에도 있을 수 있게 된다. 이때에 자신을 숭고하게 할 수 있는 사람이 참으로 성스러운 것이다.

증오

유대인은 오랫동안 박해와 학살을 받아온 역사를 가지고 있음에도 불구하고, 증오에 대하여 쓴 문학이나 문헌은 하나도 없다. 그것은 유대인이 격한 증오심을 가슴에 품고 있지 않기 때문이다.

나치에 의하여 600만 명이나 되는 사람들이 살해되었으나 반독일주의 혹은 독일을 저주하는 책 같은 것은 하나도 없다. 이스라엘인은 아랍인과 전쟁은 하지만 미워하지는 않는다. 또 유대인은 기독교도로부터 박해를 받지만, 역시 그들을 미워하지는 않는다.

따라서 샤일록이 증오에 불타 '당신이 만일 돈을 갚을 수 없다면 1파운드의 살로, 그것도 심장 부근의 살로 갚아야 한다'는 이야기(셰익스피어의 『베니스의 상인』)는 가공의 이야기이지, 현실의 유대인과는 거리가 먼 이야기이다.

베드로가 바울에 대해 이야기한 것은 바울이 어떤 인물인지보다 베드로가 어떤 인물인지를 이야기하고 있음에 지나지 않는다. 그것과 마찬가지로 셰익스피어는 기독교도이므로, 이것은 기독교도의 사고방식을 드러낸 것일 뿐, 유대인과는 전혀 관계가 없는 것이다.

만약 유대인이 이와 같이 잔인하고 욕심이 많고 부정직하고 증오심에 불타 있었다면, 왜 가톨릭협회가 자금을 필요로 했을 때 기독교도에게 가지 않고 유대인에게로 갔겠는가? 그것은 유대인이 가장 동정심이 많고 가장 정직하고 가장 신뢰할 수 있는 사람들이기 때문이다.

유대인은 언제나 따뜻한 마음을 가지고 있다고 알려져 있다. 유대인에게 슬픈 이야기를 하면 반드시 동정을 받을 것이다.

유대인은 돈을 빼앗기더라도 절대로 그것을 처벌하려고 하지 않는다. 유대인은 어디까지나 상대를 처벌하는 것보다는 돈을 되찾는 데 관심이 있다. 그러므로 돈 대신에 자동차나 시계 따위를 받는 일은 있어도, 팔이나 심장 따위는 별 쓸모가 없으므로 결코 요구하지 않는다. 탈무드에는 인간은 모두 한 가족이며 전체의 한 부분이므로, 가령 오른손으로 어떤 일을 할 때 실수로 왼손을 잘랐다 하여 왼손이 복수하기 위해 오른손을 자르는 것 같은 일을 해서는 안 된다고 쓰여 있다. 탈무드 시대에는 고리대금업이 유대인 사이에서 존재하지도 않았다. 농경사회였으며, 또 대단히 가난한 사회였기 때문이다. 그러므로 셰익스피어의 작품을 읽을 때는 우선 기독교도가 유대인을 얼마나 미워하며 업신여기고 있었는가를 알아야만 한다.

기독교도는 돈에 대해 멸시하는 관념을 가지고 있다. 특히 『신약성서』에는 예루살렘의 환전상은 유대인들이 거의 독점하고 있다고 되어 있다. 그리고 예수가 성전에서 환전상을 내쫓았다고 되어 있다. 그러나 외국인은 환전상이 없다면 다른 나라에서 살아

갈 수가 없을 것이다.

유대인은 일 년에 세 번쯤 예루살렘에 가게 되는데, 거기에서 자신이 가지고 간 시리아·바빌로니아·그리스 등의 돈을 바꾸지 않으면 안 된다. 그러므로 『신약성서』에서는 돈을 나쁜 것이라고 하고 있으나, 유대인은 한 번도 돈이 나쁜 것이라고 생각하지 않았다.

누구든지 돈을 빌려주는 사람은 돈을 빌려가는 사람에게 갚을 것을 보증받아야 한다. 그러나 탈무드에 의하면 돈을 빌려주고 담보를 취할 경우, 그 물건이 두 개 이상 있는 것이 아니면 담보로 취할 수 없다고 되어 있다. 예를 들어 의복을 담보로 할 경우, 옷이 한 벌밖에 없다면 그것을 가져올 수 없다. 그릇을 담보로 할 경우도 그것이 한 벌밖에 없으면 가져올 수가 없다. 또 그것이 집일 경우, 살고 있던 사람이 거리에 나앉게 될 형편이라면 그 집을 담보로 할 수 없다.

그러나 하나뿐인 물건일지라도 그것이 사치품인 경우는 그렇지 않다. 생계유지를 위해 사용되고 있는 것이 아니라면 예외다.

예를 들어 생계유지를 위해 당나귀를 한 마리 가지고 있다면 그 당나귀를 가져갈 수 없으나 그가 사용하지 않는 밤에는 가져갈 수 있다. 의복을 가져간 경우, 이스라엘의 밤은 몹시 춥기 때문에 밤이 되면 그 의복을 돌려주어야 한다.

그러나 뺏긴 사람이 그것을 찾아오는 것은 허용되지 않고 뺏은 사람이 갖다주어야 한다. 왜냐하면 그것은 인간의 존엄성을 손상시키는 것이기 때문이다.

담장

　유대인은 결혼하지 않은 승려나 수도원의 존재를 믿지 않았다. 인간은 자연스럽게 사는 것이 가장 좋다고 믿었다. 탈무드에는 '1미터의 담장이 100미터의 담장보다 좋다'는 말이 있다. 즉 1미터의 담장은 좀체 무너지지 않지만 100미터의 담장은 쉽게 무너진다.

　인간이 일생 동안 전혀 섹스를 하지 않는다는 것은 불가능한 일이며 100미터의 담장에 해당된다는 것이다. 아내를 갖지 못한 유대인은 기쁨이 없고, 하느님으로부터의 축복도 없고, 선행도 쌓지 못한다.

　남자는 18세가 되면 결혼하는 것이 가장 좋다고 생각한다.

학자

딸을 학자에게 시집보내기 위해서는 모든 재산을 팔아도 좋고, 또한 학자의 딸을 데려오기 위해서는 모든 재산을 잃어도 좋다.

숫자

유대인에게 있어서 7이라는 숫자는 대단히 중요하다. 우선 7일째는 안식일이 된다. 7년째는 밭을 쉬게 한다.

49년째는 대단히 경사스러운 해가 되며 밭을 쉬게 할 뿐만 아니라 채무 관계도 모두 소멸된다.

일 년 중 가장 큰 두 축제일, 즉 유월절(출애굽 기념)과 추수감사절은 각각 7일 동안 계속된다.

유대의 달력은 세계에서 가장 정확하다. 모두가 노예였던 이집트에서 탈출한 날은 유대 역사에서 가장 중요한 날이기 때문에 그것을 첫째 달로 하여 그로부터 7개월 뒤에 신년이 된다.

미국의 신년은 1월 1일이다. 그러나 미국에서 가장 중요한 달은 독립한 7월이다. 회계년도·학교년도 등도 모두 7월에 시작한다. 그것과 마찬가지로 유대인에게는 이집트를 탈출했을 때가 최초의 달이 된다. 유월절이 첫째 달이고, 그로부터 7개월째에 신년을 맞아 추수감사절을 지낸다.

먹을 수 없는 것

유대인이 먹는 고기는 피가 모두 제거되어 있지 않으면 안 된다. 피는 생명이기 때문이다. 물고기나 수육을 먹을 때 피를 완전히 제거했기 때문에 유대인이 먹는 고기는 아주 유별나다.

동물을 때려서 잡으면 피가 엉기므로 그 방법은 절대로 사용될 수 없다. 전기로 죽이는 방법도 피가 굳어버리므로 안 된다.

유대인은 옛날부터 짐승에게 고통을 주지 않고 피를 전부 제거하는 방법을 고안해냈다. 우선 짐승을 죽이고 나서 30분간 물에 담가놓고 거기에 소금을 뿌려 그 소금기가 피를 빨아내게 한다. 소금이 피를 흡수하면 그 주위에 붉은 피의 테두리가 생기는 것을 볼 수 있다. 빨려 나온 피와 소금은 물로 씻어낸다. 간이나 심장처럼 피가 많은 부분은 먼저 피를 모두 증발시키기 위하여 불에 그슬려야 한다. 그러나 이것은 피가 불결하다는 관념에서 나온 것은 아니다.

닭이나 소를 잡는 사람은 고도의 전문가들이며 랍비와 같은 훈련을 받은 해부학의 권위자들이다. 종교심도 아주 깊고 사람들에게 존경을 받고 있다. 유대인은 이미 4,000년 전부터 해부학에 조예가 깊었다. 탈무드에도 랍비가 인간을 해부했다는 이야기까지 나올 정도다. 아마도 당시에 이미 해부학에 대해서 완전히 알고 있었던 것이 아닌가 생각된다.

해부할 때는 아주 잘 드는 칼을 사용한다. 칼은 사용할 때마다 갈아서 쓰게 되며, 먼저 해부할 동물을 거꾸로 매단 뒤 목을 자르면 피가 울컥울컥 쏟아진다. 동물을 죽인 뒤에는 그 동물을 자세히 살펴본다. 이것은 다른 어느 나라의 식육 검사보다도 엄격하다. 유대의 기준은 대단히 엄격해서 일반적으로 먹어도 좋은 것도 랍비가 먹지 못하게 하면 먹을 수 없다.

유대의 식육 검사는 수천 년 동안 계속된 역사가 있기 때문인지도 모른다. 유대인이 특별히 피를 기피하는 관념을 가져서가 아니다. 제단에 양을 바칠 때도 피를 불결한 것으로 취급하지 않는다. 탈무드에서는 다른 사람들은 새우를 먹는데 자기는 먹지 않기 때문에 자기가 더 건강하다는 식으로 말하지 않는다. 자기가 새우를 먹지 않으므로 새우는 좋지 않은 것이라고 말할 수는 없는 것이다. 이것은 다른 이유가 있어서가 아니라, 다만 하느님이 유대인에게 새우를 먹지 말라고 했기 때문이다.

네 발 달린 짐승 중에서도 위가 두 개 이상 있고, 발굽이 둘로 갈라져 있는 것이 아니면 먹어서는 안 된다. 돼지는 위가 하나밖에 없으므로 먹을 수 없다. 말도 발굽이 갈라져 있지 않으니 먹을 수 없다. 또한 물고기의 경우에는 지느러미와 비늘이 없는 것은 먹을 수 없다. 그러므로 뱀장어는 먹어서는 안 된다. 아울러 고기를 먹는 새도 먹을 수 없다. 그렇기 때문에 독수리와 매 등은 먹을 수 없는 것이다.

거짓말 ——————— ✳

어떤 경우에 거짓말이 허용되는가?

탈무드에서는 다음 두 가지 경우에는 거짓말을 해도 좋다고 말하고 있다. 첫째는 어떤 사람이 이미 사버린 물건을 놓고 어떠냐고 의견을 물었을 때는 설령 그것이 나쁜 것일지라도 아주 좋다고 거짓말을 할 수 있다.

다음으로 친구가 결혼했을 때는 반드시 '부인이 아주 미인이십니다. 행복하게 사십시오' 하고 거짓말을 할 수 있다.

착한 사람 ⸻ ✳

세상에는 꼭 필요한 것이 네 가지 있다. 그것은 금, 은, 철, 구리이다. 그런데 이것들은 다른 것으로 대신할 수가 있다. 대용물을 전혀 구할 수도 없으면서 참으로 필요한 것은 '착한 사람'뿐이다. 탈무드에 따르면 착한 사람은 큰 야자수처럼 무성하고, 레바논의 큰 삼나무처럼 늠름하게 하늘 높이 솟아 있는 것이라 한다. 야자수는 한번 잘라버리면 다시 클 때까지 4년이나 걸리며, 레바논 삼나무는 아주 먼 곳에서도 보일 정도로 키가 크다.

두두

탈무드 시대의 유대인 가정에서는 안식일 전날인 금요일 저녁에 어머니가 반드시 초에 불을 켠다. 아버지는 아이들의 머리에 손을 얹고 축복해준다. 유대인 가정에는 반드시 '유대 민족 기금'이라고 쓴 상자가 놓여 있는데, 촛불을 켤 때 아이들에게는 '두두'(동전을 뜻하는 히브리어의 화폐 단위이기도 하고 '움직인다'는 뜻도 있음)가 주어져서 불을 켜는 것과 동시에 아이들은 자선을 위하여 상자에 돈을 넣는다. 이것은 어릴 때부터 자선을 가르치는 것이다.

금요일 오후에는 가난한 사람들이 구걸하러 부잣집을 돌아다닌다. 그러면 그 집의 부모는 가난한 사람들에게 직접 돈을 주지 않고 반드시 아이들을 시켜 상자 속에 돈을 넣게 한다. 이것은 아이들에게 자선을 베푸는 아름다운 마음씨를 심어주기 위한 것이다. 지금도 유대 민족은 세계에서 자선을 위하여 돈을 가장 잘 쓰는 민족이다.

두 개의 머리

탈무드에는 올바른 사고법을 단련시키기 위하여 현실적이 아니더라도 원리적인 이야기가 많이 실려 있다. 그 한 예를 소개할 테니 다 함께 생각해보기로 하자.

다음과 같은 가설적인 질문이 있다.

'만약 두 개의 머리를 가진 아기가 태어난다면 그 아기를 두 사람으로 보아야 할 것인가, 한 사람으로 보아야 할 것인가?'

이 질문은 얼핏 보아 어리석은 것처럼 보인다. 그러나 인간은 머리가 둘이라도 몸이 하나면 한 사람이라든가, 하나의 머리를 한 사람으로 간주해야 한다든가 하는 원칙을 확립하기 위해서는 아주 적절한 가설이다.

유대교에서는 아기가 태어나면 1개월째 되는 날 교회에 데리고 가서 축복을 받는다. 그때 머리가 둘이면 두 번 축복을 받아야 하는가, 아니면 그래도 한 사람이므로 한 번만 받아야 하는가? 또 기도할 때는 조그만 사발을 머리에 얹는데 하나만 얹어야 옳은가, 아니면 두 개 얹어야 옳은가?

여러분은 이 문제에 대해 어떤 답을 제시할 것인가.

탈무드의 답은 명료하다. 한쪽 머리에 뜨거운 물을 부었을 때 다른 쪽 머리도 비명을 지르면 한 사람이고, 아무렇지도 않은 표정을 짓고 있으면 두 사람으로 본다.

나는 유대인이란 어떤 민족인가에 대하여 이야기할 때 이 이야기를 자주 인용한다. 즉 이스라엘이나 러시아에 있는 유대인이 박해를 받았다는 이야기를 듣고 자신이 그 고통을 느끼고 비명을 지르면 그 사람은 유대인이고, 그렇지 않으면 유대인이 아니다.

이와 같이 응용 범위가 넓은 일화가 탈무드에는 아주 많다. 왜 랍비들은 설교할 때 이런 유형의 일화를 많이 사용했을까? 설교는 곧 잊어버리기 쉬우나 이런 일화의 교훈은 오랫동안 기억에 남기 때문이다.

간음 ——————— ✳

  탈무드 시대에는 아내가 다른 남자와 성관계를 가지는 경우, 그것은 물론 남편에 대한 죄이며, 남편은 자기 아내나 그녀와 관계를 가진 남자에게 어떠한 조치를 취해도 좋다고 되어 있다. 남편은 그들을 벌줄 수도 용서할 수도 있다. 그러나 그것은 다른 민족의 경우일 뿐, 유대인에게 있어서 그것은 하느님에 대한 모독이며, 따라서 남편은 죄를 용서할 권리도 벌할 권리도 없었다. 왜냐하면 이것은 인간에 대한 죄가 아니라 우주를 다스리고 있는 하느님 율법에 대한 죄라고 생각했던 것이다.

자백

유대의 법에서는 자기에게 불리한 것을 증언하면 무효가 된다. 따라서 자백은 인정되지 않는다. 오랜 경험을 통하여 자백은 고문에 의해 얻어지는 경우가 많음을 알고 있기 때문이다. 이스라엘에서는 지금도 자백은 인정하지 않는다.

성

성행위는 올바르고 깨끗하게 행해지면 즐거움이 된다. 성행위가 추악한 것이라고 말해서는 안 된다.

'모든 교사는 아내가 있어야 하며, 모든 랍비는 결혼하지 않으면 안 된다'는 말이 탈무드에 있는데, 이것은 결혼하지 않은 사람은 인간이 아니라고 하는 관념이 있기 때문이다.

탈무드에서는 성을 생명의 강이라고 부르고 있다. 강은 거칠어지면 홍수를 일으켜 모든 것을 파괴하지만, 때로는 쾌적하게 모든 것을 열매 맺게 하며 세상에 도움이 되는 일을 하기도 한다.

남자는 시각을 통해 성적 흥분을 얻고, 여자는 피부 접촉을 통해 성적 흥분을 불러일으킨다.

탈무드는 남자에게는 '여자와 몸이 닿게 될 때를 조심하라'고 말하고, 여자에게는 '옷을 입는 데 주의하라'고 가르친다.

계율이 엄격한 유대인 사회에서는 상인이 거스름돈을 건네줄 때도 여자에게는 손으로 직접 주지 않고 반드시 어디에 담아주어 여자로 하여금 집어가게 한다. 또 계율을 중히 여기는 이스라엘 여자들은 미니스커트 따위는 절대로 입지 않는다. 언제나 긴 소매, 긴 스커트를 입고 있다.

랍비는 남성이 절정에 이르는 것과 여성이 절정에 이르는 것 사이에 시간적인 차이가 있음을 알고 있다. 여성이 흥분되기 전이라도 남성은 절정에 달할 수가 있다. 아내의 동의 없이 아내와 관계하는 것은 강간과 같으므로 남편이 아내와 성관계를 갖기 위해서는 매번 설득할 필요가 있다. 황홀한 이야기를 해준다든가 부드럽게 어루만져주는 시간을 충분히 갖지 않으면 안 된다.

아내가 월경 중일 때는 아내와 관계해서는 안 된다. 월경 후에도 7일 동안은 금지되어 있다. 부부라고 해도 12~13일 동안은 절대로 관계할 수 없으므로, 그동안에 남편은 아내에 대한 그리움이 깊어져 금지일이 끝나는 날 부부는 언제나 밀월을 다시 즐길 수 있다.

결혼한 여자는 다른 남자와 절대로 잠자리를 같이할 수 없다. 그러나 남자는 다른 여자와 함께 자도 용서된다.

탈무드 시대에는 아내를 둘 이상 둘 수 있었음에도 불구하고 일부일처제가 이미 확립되어 있었기 때문에, 아무도 한 사람 이상의 아내를 갖지 않았다. 아내 이외의 여자를 갖는 것은 성실성의 부족이라는 관념이 생긴 것이다.

그러나 탈무드 속에는 매춘부와 관계하는 이야기가 몇 군데 나온다. 자위행위보다는 매춘부에게 가는 것이 낫다. 아내가 계속 거절하는 경우에 결혼한 남자가 그러한 곳에 가는 것은 부득이한 것으로 여겼다. 그러나 다른 나라의 화류계 여자와는 달리 유대의 매춘부는 돈을 벌기 위하여 몸을 파는 천한 여자로 간주된다. 유대 사회에서는 학문과 계율과 종교를 존중하기 때문에 매춘부가 번성할 기회는 그만큼 없었다.

그 당시부터 이미 랍비는 피임법에 정통하고 있었다. 누가 어떤 피임법을 사용하는 것이 좋은가 하는 것은 모두 랍비가 지도하고 있었다. 그러나 피임은 여자만이 행했던 것이다. 탈무드에는 피임을 해도 좋은 경우가 세 가지 있다. 그것은 임신 중인 여성, 아기를 기르고 있는 여성, 소녀인 경우다.

임산부에게 피임술을 허락하고 있는 것은, 당시 랍비의 지식으로는 임신하고 있는 사이에도 또 임신이 될 수 있다고 생각했기 때문이다.

아기를 기르고 있는 어머니는 아기가 네 살이 되기까지는 이미 태어난 아기를 돌보는 것이 당연하다고 생각하여 4년 동안은 다음 아기를 낳지 말라고 권장하였다.

소녀의 경우는 약혼을 했든 결혼을 했든 간에 어리기 때문에 몸에 좋지 않을 것이라고 생각했기 때문이다.

기근이 든 때라든가, 민족적인 위기에 처한 때라든가, 유행병이 돌 때도 여자가 피임하는 것을 권장하였다.

동성애

랍비들에게 있어서 동성애는 용서하기 어려운 행위였다. 유대인에게는 동성애가 거의 없었다. 그것은 아주 엄격한 아버지와 상냥한 어머니가 유대 남녀의 이상형이었기 때문이다.

사형 ——————— ✳

    사형 판결을 내릴 때, 판사가 전원일치로 판결한 경우는 무효이다. 그 이유는 재판에서는 언제나 두 가지 견해가 있게 마련인데 일방적인 의견밖에 나타나 있지 않은 것은 공정한 판결이 못된다는 생각에서였다.

    사형이라는 극형을 내리는 때만은 전원의 의견이 일치하면 판결을 내릴 수 없다는 규정이 있었다.

물레방아 ─────── ✳

　A와 B, 두 사람이 있었다. A는 B에게 물레방앗간의 물레방아를 임대해주었다. 그 임대료는 B가 A의 곡물을 무료로 찧어주는 조건으로 계약을 맺었다.

　그동안에 A는 부자가 되어 다른 물레방앗간도 몇 개 샀다. 그래서 이제는 자기의 곡물을 찧기 위해 굳이 B에게 의지할 필요가 없어졌다.

　그래서 B에게 가서 임대료를 돈으로 지불해달라고 말했다. 그러나 B는 계속 A의 곡물을 빻아주는 것으로 대신하기를 원했다. 이런 경우 어떻게 하면 좋을까?

　탈무드의 판결에 따르면 다음과 같다. 만약 B가 돈으로 지불할 수 없으면 그때는 계약대로 A의 곡물을 찧어주는 것으로 임대료를 지불해야 할 것이며, 만약 A의 곡물을 찧어주는 대신 제3자의 곡식을 찧어 돈을 받을 수 있다면 그 경우에는 돈으로 임대료를 지불해야 한다.

계약

고용주와 종업원이 있었다. 종업원은 고용주를 위해 일을 해주고 일주일마다 임금을 받기로 하였다. 그런데 임금은 현금이 아니라 가까운 슈퍼마켓에서 그 액수만큼 물건을 사가고, 슈퍼마켓 주인이 그의 고용주로부터 그 돈을 현금으로 받는 방법으로 계약되어 있었다.

일주일이 지났다. 종업원이 화난 얼굴로 고용주에게 와서 "슈퍼마켓에서는 현금을 갖고 오지 않으면 물건을 팔지 않겠다고 합니다. 현금으로 주십시오." 하고 말했다. 얼마 후 슈퍼마켓의 주인이 나타나서 "당신 종업원이 이만큼의 물건을 가지고 갔으니 대금을 지불해주십시오." 하고 말했다. 이런 경우 고용주는 어떻게 해야 할까?

먼저 사실을 확인하기 위해 충분히 조사해보았으나 종업원도 슈퍼마켓 주인도 사실을 증명할 만한 것이 아무것도 없었다. 탈무드에서는 이것을 어떻게 해야 좋을지 알 수가 없었다. 두 사람에게 선서를 시켰음에도 불구하고 자기의 주장을 계속했기 때문에, 결국 탈무드에서는 고용주에게 양쪽에 모두 돈을 지불하라고 명령했다.

종업원은 슈퍼마켓의 청구와는 직접 관계가 없고, 또 슈퍼마켓도 종업원과는 직접 관계가 없다. 그러나 고용주는 양쪽 모두 관계가 있으므로, 그러한 관계가 있는 이상 고용주는 양쪽 모두에

책임이 있기 때문에 양쪽에 지불하라고 할 수 있는 것이다. 이것은 탈무드 가운데서 가장 오랫동안 논의가 되어왔던 항목인데, 이 의견이 가장 올바르다고 할 수 있다.

어느 한쪽이 거짓말을 했을지는 모르지만 그들이 선서를 한 이상, 양쪽에 계약관계가 있는 고용주로서는 어쩔 도리가 없다. 요컨대 이것은 함부로 계약해서는 안 된다는 교훈인 것이다.

광고

상품을 광고할 때 거짓말을 해서는 안 된다고 되어 있다. 그렇지만 자동차, 맥주, 담배 등 오늘날 범람하고 있는 광고를 보면 반드시 올바른 정보만을 전달한다고 생각할 수 없다. 예를 들면 어떤 상품이 다른 상품보다 낫다고 광고하고 있지만, 그 다른 상품을 보면 역시 다른 것보다 더 낫다고 광고하고 있기 때문이다.

그리고 상품과 관계가 없는 포장이나 디자인도 많이 사용되고 있다. 더욱이 오늘날에는 그와 같은 것이 좋은 판매 방법이라고까지 말해지고 있다. 예를 들어 미국의 담배 광고를 보면 아름다운 여자가 자동차 안에서 담배를 맛있다는 듯이 피우는 모습이 나온다. 물론 이것이 거짓을 나타내고 있는 것은 아니지만, 결국 담배와 여자는 아무 관계가 없는 것이 아닌가?

탈무드에는 이와 같은 판매 방법이 금지되어 있다. 그런 방법은 어떤 의미에서는 사람을 속이는 것이라고 말할 수 있다. 탈무드에는 소를 팔 때 다른 색깔을 칠하는 것을 금하고 있으며, 여러 종류의 도구에 색을 칠하여 새것으로 보이게 하는 것도 금지하고 있다. 다시 말하면 속일 목적으로 그와 같이 색을 칠하는 것은 금지되어 있는 것이다.

어떤 노예가 있었는데 그는 머리를 염색하고 얼굴에 화장을 하여 자기를 젊어 보이게 해서 함께 사는 사람을 속였다는 예가 실려 있다. 또 과일장수가 묵은 과일 위에 신선한 과일을 살짝 올려

놓고 파는 것도 안 된다고 말하고 있다.

또한 탈무드에는 건물의 안전 규정에 대하여 처마의 길이, 발코니 기둥의 굵기 등에 이르기까지 아주 상세하게 다루고 있다. 노동시간에 대해서는 일반적인 관행 이상으로 일을 시켜서는 안 된다고 되어 있다. 또한 과일을 따는 노무자를 고용했을 경우 고용인이 어느 정도 과일을 따먹는 것은 금할 수 없다고 되어 있다.

탈무드에는 상품을 팔 때 그 물건과 딸린 이름을 붙이는 것을 금하고 있다. 오늘날 미국의 광고에서는 킹사이즈라든가 풀야드라는 식의 지나치게 과장된 말이 사용되고 있다. 풀야드라는 말은 1야드에 지나지 않는 것이므로 그러한 말은 일찍부터 금지되어 있었다.

소유권

소유권에 대하여 이야기해보자. 만약 동물을 가지고 있다면 낙인을 찍음으로써 그 소유권을 증명할 수 있다. 시계에는 이름을 새겨 넣을 수가 있다. 양복에는 바느질로 표시를 해둘 수 있다. 자동차나 집과 같이 큰 물건은 해당 관청에 등기해두면 된다.

그러나 물건에 따라서는 이름을 쓰거나 등기하기가 어려운 것이 있다. 그런 경우에는 어떻게 소유권을 증명하는 것이 좋을까?

먼저 여러 가지 사례를 검토하여 그것을 근거로 원칙을 세우는 것이 탈무드의 방식이다. 일 원에서 수천억 원에 이르기까지 다양한 경우가 있으므로 원칙을 세우지 않으면 판단하기가 곤란하기 때문이다.

두 사람이 극장에 가서 서로 다른 문으로 들어가 마침 한가운데 좌석 두 개가 비어 있어서 앉으려 했다. 그때 소유권을 확립하기 어려운 물건이 그 자리에 놓여 있었다. 두 사람은 동시에 그것을 발견하곤 서로 그것이 자기 것이라고 주장했다. 이럴 경우, 어떻게 해결해야 좋은가. 이것에 대해서는 탈무드에도 여러 견해가 있다.

첫째로 그 물건을 둘로 나누어 가지면 된다는 의견이 있으나 이것은 원칙으로 삼을 수 없다. 왜냐하면 재판소에 가서 나누어 가지기로 한다면 뒤에 앉아 있던 사람들도 끼어들지 모르며, 모든 사람들이 자기 것이라고 말할지도 모르기 때문이다. 발견한 사람에게 권리가 있다는 것을 전제로 한다면, 발견하지 못했으면서도 나중에 한몫 끼려고 하는 자들에게도 권리를 인정하는 것이 되어 곤란하다.

탈무드는 여기서 성서에 손을 얹고 선서하거나 양심에 비추어서 자기 것이라고 생각한다면 나누어 가지라고 말하지만, 이 견해는 누구라도 반박할 수 있다. 선서도 아무 쓸모가 없는 것이 아니냐는 것이다. 말하자면 자기 것이라고 선서했는데도 절반밖에 주지 않는 것은 선서를 모독하는 행위라는 것이다.

그러면 절반만 자기 것이라는 식으로 선서를 하게 하면 된다고 주장하기도 하지만, 그러한 경우 A는 100퍼센트, B는 50퍼센트를 주장하여 재판할 경우, A는 50퍼센트, B는 50퍼센트의 50퍼센트, 즉 25퍼센트만 인정되는 결과가 된다.

그런데 주운 것이 동전이 아니고 고양이라면 어떻게 될까? 이것은 반으로 나눌 수가 없다. 이때에는 고양이를 팔아 돈을 나누어 갖든가, 한 사람이 고양이를 갖고 고양이값의 반을 상대방에게 주면 된다. 단, 고양이 같은 경우는 주인이 나타나기를 일정 기간 기다려야 하는 등 여러 가지 절차가 필요하기도 하나, 천 원짜리 지폐 등은 처음부터 임자가 찾으러 오지 않을 것으로 간주하고 취급한다. 돈을 길에 떨어뜨리고 누군가 이미 주워간 다음에 와서 '나는 여기를 지나다가 만 원을 떨어뜨렸다'고 말해도 그 사람이 실제로 떨어뜨렸는지 증명할 방법이 없다.

　돈에 자기의 이름을 써놓는다 하더라도 주운 사람이 그것을 지워버리면 어쩔 도리가 없다. 그러나 아주 특별한 편지 등과 함께 있어서 그것이 자기 것임이 증명될 때는 예외이다.

　극장에서 주운 돈의 경우는 결국 먼저 돈에 손을 댄 사람의 권리라고 말할 수 있다. 단순히 보았다고 하는 것은 증명할 수 없지만, 손을 댔다는 것은 입증하기 쉬우므로 그것이 하나의 원칙이 되고 있다.

두 개의 세계

한 랍비와 두 사람의 남자가 있었다. 랍비가 말했다.

"나는 랍비이고 사람들은 나를 신뢰합니다. 나는 두 사람 중 한 사람에게서는 천 원을 빌리고 또 한 사람에게서는 이천 원을 빌렸습니다. 어느 날 두 사람이 와서 다 이천 원씩 돌려달라고 했습니다. 그런데 나는 누구에게 이천 원을 빌렸는지 기억할 수가 없습니다. 어떻게 하면 좋겠습니까?"

탈무드에는 두 가지의 의견이 있다. 다수 의견은 '천 원씩 빌린 것은 틀림없다. 두 사람 중 누구에게서 천 원을 더 빌렸는데 그것이 누군지 알 수 없다. 그러므로 우선 천 원씩만 돌려주고 나머지 천 원은 재판소에 맡겨 두었다가 나중에 증거가 나오면 돌려준다'고 하는 것이다.

이와는 달리 한 랍비는 다른 의견을 제시했다.

"생각해보니 그들 중 한 사람은 도둑입니다. 천 원밖에 주지 않고서도 천 원을 더 뺏으려고 하고 있습니다. 천 원씩 나누어 준다면 도둑은 잃은 것이 하나도 없습니다. 이것은 사회 정의에 어긋나는 일입니다. 도둑이나 악인이 이득을 보게 하거나 처벌받지 않고 그대로 넘어가는 일이 없도록 하는 것이 사회 정의입니다. 그러므로 두 사람에게 한 푼도 돌려주지 않는 것이 좋을 것입니다. 재판소는 전액을 몰수해야 합니다."

그러나 두 사람 모두에게서 돈을 몰수하면 도둑은 천 원마저도 잃어버릴 것을 염려하여 집에 가서 장부책을 보고 와서 내가 천 원을 빌려 준 것이 확실하다고 하면서 천 원만 요구할 가능성이 있다.

앞의 극장의 예와 마찬가지로 똑같은 원칙이 적용될 수 있다고 생각한다. 한 사람은 거짓말을 하고 있는 것이 틀림없다. 그런데도 반을 얻을 수 있다는 것은 사회 정의에 어긋나는 일이다. 따라서 재판소는 충분한 증거가 나올 때까지 그것을 보관하고 있어야 한다. 그러나 극장의 경우 실제로 두 사람이 동시에 발견하는 경우도 전혀 없는 것이 아니므로 선서를 시켜볼 수가 있다. 그러나 천 원과 이천 원의 경우 어느 한 사람이 거짓말을 하고 있는 것이 확실하므로 선서를 시킬 수 없다.

거짓 선서를 해서는 안 된다는 것은 하느님이 내리신 십계명 중 한 계명이며, 거짓 선서를 하는 경우에는 채찍으로 서른아홉 대를 맞는다. 선서를 하고도 거짓말을 했다는 것은 커다란 수치가 된다. 그런데 탈무드에서는 극장의 경우, 두 사람이 모두 자기가 먼저 발견했으므로 자기 것이라고 하여 선서를 한 후에도 뜻을 굽히지 않으므로 어쩔 도리가 없다고 되어 있다.

탈무드가 비록 페이지 수가 많은 책이지만 한정된 페이지 속에서 아주 긴 역사를 다루었기 때문에 한 문제에 많은 페이지를 할애할 수가 없음에도 불구하고, 이 논쟁에 대해서는 반복된 부분

이 아주 많다. 이것은 탈무드에 있어서는 매우 드문 예이다. 그러
나 잘 생각해보면 이것은 결코 양립할 수 없다는 것을 반복하고
있는 것이다. 그것은 두 개의 세계가 있다는 것을 가르치기 위하
여 의도적으로 그렇게 한 것이라고 생각된다.

05

유대인의 손

손은 두뇌의 판단에 따라 움직인다. 탈무드를 연구하는 사람으로서 한결같이 탈무드적인 사고방식만을 취해온 나의 손은 어느새 탈무드의 사자가 되었다. 여기서는 매일같이 부딪치는 난제를 내가 어떻게 해결해왔는가 하는 실례를 소개하고자 한다. 이제까지의 일화와 격언에 대한 응용편으로 읽어주었으면 한다.

형제애　　　　　　　　　　─────────　✳

　두 형제가 싸우고 있었다. 죽은 어머니의 유언을 둘러싼 싸움이었다. 형과 동생 두 사람의 유언에 대한 해석은 모두 일리가 있었다. 두 사람은 어렸을 때부터 독일·러시아·만주·시베리아 등지를 함께 전전하고 다녔기 때문에 아주 사이좋은 형제였는데, 이 유언을 둘러싼 싸움으로 서로 헐뜯고 반목하는 바람에 형은 동생을, 동생은 형을 잃어버리게 되었다. 서로 말도 하지 않고 같은 방에 함께 들어가지도 않았다.

　한번은 그들이 따로따로 내게로 와서 형은 동생을 잃게 되었고, 동생은 형을 잃게 되었다고 한탄했다. 형과 동생은 둘 다 싸울 생각은 추호도 없었다고 말했다. 내가 아메리칸 그룹의 한 회합에서 강연을 하게 되었을 때, 주최자에게 그 두 형제를 그들이 서로 눈치 채지 못하게 파티에 초청하도록 부탁했다. 평소 같으면 두 사람은 얼굴이 마주치자마자 돌아설 터인데, 이날은 초청자의 체면도 있고 해서 두 사람은 돌아가지 못하고 그 자리에 합석했다. 나는 인사를 끝내고 다음과 같은 탈무드 이야기를 했다.

　옛날 이스라엘에 두 형제가 살고 있었다. 형은 결혼하여 처자가 있었고, 동생은 독신으로 지내고 있었다. 형제는 모두 부지런한 농부였는데, 부친이 죽자 부친의 재산을 나누어 가졌다.

　수확한 사과와 옥수수는 서로 공평하게 이등분하여 각자의 곳간에 넣었다. 밤이 되자 동생은, 형님은 처자가 있으므로 여러모로 쓰임새가 더 많을 것이라고 생각하여 형님의 곳간에 많은 양의 사과와 옥수수를 옮겨다 놓았다.

또한 형도 자기는 자식이 있으므로 노후 걱정을 하지 않아도 되지만, 동생은 독신이라 노후를 위해 비축해두지 않으면 안 된다고 생각하여 역시 옥수수와 사과를 동생의 곳간에 옮겨다 놓았다. 아침에 형제가 잠에서 깨어나 자기들의 곳간을 살펴보니 어제와 똑같은 분량의 곡식이 있었다. 다음 날 밤도, 또 다음 날 밤도 같은 일을 되풀이했다.

사흘째 되는 날 밤 형제는 서로 상대방의 곳간에 곡식을 운반하다가 도중에 마주치고 말았다. 거기서 둘은 서로가 얼마나 생각하고 있는가를 알게 되었다. 두 사람은 곡식을 내던진 채 얼싸안고 울었다. 이 두 형제가 얼싸안고 울던 곳이 예루살렘에서 가장 소중한 곳이라고 오늘날에도 전해지고 있다.

나는 아메리칸 그룹에서 가족들 간의 애정이 얼마나 소중한가를 강조했다. 그 결과 이 두 형제의 오랫동안의 반목도 봄볕에 얼음 녹듯 사라지게 되었다.

개와 우유

어떤 집에서 개를 기르고 있었다. 그 개는 오랫동안 가족과 함께 살아왔기 때문에 가족들에게서 무척 귀여움을 받았다. 특히 한 아들이 그 개를 몹시 귀여워하여 잠잘 때도 자기 침대 아래에서 자게 하는 등 완전히 일심동체와 같은 생활을 하였다.

그런데 어느 날 그 개가 죽었다. 아버지는 개라는 것은 언젠가는 죽게 마련이므로 어쩔 수 없는 일이라고 말했다. 그러나 아들은 자기 형제처럼 소중히 여기던 충실한 친구를 잃게 된 것을 몹시 슬퍼하면서 그 개를 집 정원에 묻었으면 좋겠다고 말했다. 물론 개가 인간과 다른 것임을 모르는 바는 아니었으나 그 아들로서는 도저히 개를 다른 곳에 내버릴 수가 없었다. 그러나 아버지는 정원에 개를 묻는 것을 반대하여 가족 사이에 대논쟁이 벌어졌다.

결국 아버지가 나에게 조언을 구하면서, 유대 전통에 개를 매장하는 무슨 의식이 없느냐고 물었다. 나는 그 이야기를 전화로 들었을 때 어떻게 답변해야 할지 난감했다. 지금까지 여러 가지 질문을 받아왔지만 개에 대한 것은 처음이었다. 그런데 내 마음에 걸리는 것은 개를 잃은 아들의 슬픔이었다. 그래서 나는 어쨌든 그의 집을 한번 방문하겠노라고 약속했다. 자고로 랍비는 그런 이야기를 전화로 하지 않고, 본연을 마주 대하고 이야기하는 것이 하나의 관습으로 되어 있기 때문이다.

나는 그 집에 가기 전에 탈무드를 펴놓고 개에 대한 전례가 있는지의 여부를 검토해보지 않으면 안 되었다. 탈무드 속에 마침 좋은 이야기가 있었다.

집 안에 우유가 약간 있었다. 뱀이 그 우유 속으로 들어가 버렸다. 고대 이스라엘의 농촌에는 뱀이 많았다. 그런데 그 뱀은 독이 있는 뱀이었기 때문에 우유 속에 독이 녹아들기 시작했다. 개만이 그것을 알고 있었다.

식구들이 항아리에서 우유를 따르려 하자 개가 맹렬히 짖어대기 시작했다. 아무도 개가 왜 저렇게 요란하게 짖어대는지 그 이유를 알 수 없었다. 그러는 동안 한 사람이 우유를 마시려고 하자 개가 달려들어 우유를 엎지르고 그것을 핥기 시작했다. 그리고 개는 곧 죽어 버렸다. 그제야 비로소 가족들은 우유 속에 독이 들어 있음을 깨달았다. 그리하여 당시의 랍비들은 이 개에게 경의를 표하고 칭송해 마지않았다.

나는 그 집에 가서 가족들에게 탈무드의 그 이야기를 들려주었다. 부친의 반대는 점차 수그러들어서 결국 그 개는 아들의 희망대로 정원에 묻히게 되었다.

당나귀와 다이아몬드

유대인 여성이 백화점에 물건을 사러 갔다. 집에 돌아와 물건을 풀어보니 자기가 사지 않은 물건이 함께 들어 있었다. 그것은 대단히 값비싼 반지였다. 그녀는 양복과 외투만 샀을 뿐이었다.

그녀는 아들과 단둘이서 그다지 풍족하지 못한 생활을 하고 있었으나 이 사실을 아들에게 이야기해주고 나서, 둘이 랍비에게 상의하러 갔다.

그래서 나는 탈무드에 있는 이야기를 들려주었다.

어떤 랍비가 나무를 해서 생계를 꾸려나가고 있었다. 그는 언제나 산에서 마을까지 나무를 운반해야 했다. 그는 오고가는 시간을 단축하여 그 시간에 탈무드를 공부해야겠다고 생각하고 당나귀를 한 마리 사기로 했다. 그는 마을의 아랍인에게서 당나귀를 샀다.

제자들은 랍비가 당나귀를 샀으므로 산에서 마을까지 더 빨리 왕래할 것이라고 기뻐하면서 냇가에서 당나귀를 씻겨주었다. 그런데 그때 당나귀의 귀에서 다이아몬드가 나왔다.

제자들은 이제 랍비가 나무꾼의 생활에서 벗어나 더 공부하면서 자기들을 가르치는 데도 시간을 많이 내줄 수 있을 것이라고 기뻐했다. 그러나 랍비는 지금 곧 마을로 되돌아가서 당나귀 주인에게 다이아몬드를 돌려주라고 제자들에게 지시했다. 제자들이 "선생님이 산 당나귀에게서 나온 것이 아닙니까?"라고 말하자, 랍비는 "나는 당

나귀를 산 기억은 있지만 다이아몬드를 산 기억은 없네. 나는 내가 산 것만을 갖는 것이 옳다고 생각하네.” 하면서 다이아몬드를 당나귀 주인에게 돌려주었다.

그런데 아랍인은 오히려 “당신은 이 당나귀를 샀고, 다이아몬드는 이 당나귀에게서 나왔는데 왜 제가 되돌려 받아야 합니까?” 하고 물었다. 그러자 랍비는 “유대의 전통에서는 자기가 산 것만을 갖게 되어 있습니다. 그러므로 이것은 당신 것입니다.”라고 대답했다. 이에 아랍인 상인은 “당신들의 신은 훌륭한 신임에 틀림없습니다.” 하고 말했다.

이 이야기를 듣고 있던 그녀는 그러면 곧 가서 돌려줘야겠는데 뭐라고 하면서 돌려줘야 하겠느냐고 물었다. 나는 이렇게 말했다. “그 반지는 백화점의 것인지, 백화점 판매원의 것인지는 알 수 없지만, 아무튼 왜 돌려주느냐고 묻거든 내가 유대인이기 때문이라고만 대답하시오. 그리고 돌려줄 때에 꼭 아들을 데리고 가시오. 아들은 자기 어머니가 정직한 사람이라는 것을 평생 잊지 못할 것입니다.”

벌금의 규칙 ─────── ✳

어떤 유대인 회사에서 유대인 사원을 고용하고 있었다. 그런데 그 사원이 회사의 돈을 횡령하여 도망쳐버렸다. 유대인 사장은 화가 나서 경찰에 신고하려고 했다. 그래서 회사의 간부 하나가 나에게 어떻게 했으면 좋겠느냐고 상의하러 왔다.

나는 이렇게 말했다.

"실제로 돈을 가지고 도망쳤는지 어떤지를 확실히 해두는 것이 좋습니다. 그가 돈을 횡령했다 하더라도 경찰에 신고하여 그가 기소되면 그는 바로 형무소에 들어가게 될 것입니다. 그러나 이것은 유대의 방식이 아닙니다."

왜냐하면 그가 감옥에 들어가면 돈을 돌려받을 수가 없기 때문이다. 유대의 율법에서는 돈을 훔쳐간 사람을 감옥에 넣는 대신 그에게서 돈을 받아내야만 한다. 그래서 그를 찾으면 감옥에 넣기보다는 우선 돈을 돌려받고, 거기에 덧붙여 벌금을 물려야 한다고 말해주었다. 도망친 유대인 사원을 찾아내어 그렇게 이야기하자 그는 돈이 하나도 없다고 했다. 그래도 감옥에 보내는 것보다는 일을 시켜 그 급료 중의 일부로 분할 상환케 하는 것이 나을 것 같아 그를 경찰에 보내지 않고 내 방에서 재판했다. 내가 재판장이 되어, 그로 하여금 훔친 돈을 일하여 갚아 나가도록 하는 동시에 벌금을 나에게 내도록 하고, 그 벌금은 자선사업의 기금으로 쓰기로 하였다.

유대 사회에서는 만약 A라는 사람이 100만 원을 훔쳤을 경우 랍비의 재판에 회부되어 유죄 판결이 나면, 벌금과 함께 110만 원을 돌려줘야 한다는 판결이 난다.

110만 원을 돌려주게 되면 그는 아무런 전과가 없는 것으로 되고, 보통 사람과 똑같이 된다. 돈을 잃어버렸던 사람이 그에게, 저 녀석은 전에 돈을 훔쳤다는 따위의 말을 하면 그렇게 말하는 사람이 나쁜 사람이 된다.

벌금은 대체로 20퍼센트 이상이지만, 여기에는 엄격한 규칙이 있다. 예를 들면 무엇을 훔쳤는가, 그것을 사용하여 돈을 벌었는가, 밤에 훔쳤는가, 낮에 훔쳤는가, 아침에 훔쳤는가 등 여러 조건에 따라서 벌금의 비율이 달라진다.

탈무드에서는 말을 훔친 경우 가장 높은 벌금을 부과하고 있다. 말을 사용하여 돈을 벌 수도 있고, 도둑맞은 사람은 대단히 불편을 겪기 때문이다.

오늘날 같으면 트럭이 거기에 해당될 텐데, 아무튼 그 경우에는 400퍼센트의 벌금을 물게 된다. 일반적으로 당나귀는 말보다 벌금이 싸다. 말은 온순하여 훔치기가 쉽기 때문이다.

훔친 자의 개인적인 입장도 감안된다. 굶주린 사람이라면 20퍼센트 정도의 싼 벌금을 물린다. 고대 이스라엘에서는 벌금이나 빌려준 돈, 또는 이자를 내지 않는 경우에는 노동으로 대신 갚지 않으면 안 된다.

 최악의 경우에는 감옥에 들어가게 되지만 근본적으로는 감옥에 보내는 것으로 문제가 해결되지 않는다고 생각하는 것이 유대인의 사고방식인 것이다.

아기와 산모

　한번은 어떤 유대인 부인이 난산으로 위험한 상태가 되어, 그녀 남편의 부름을 받고 한밤중에 병원으로 가게 되었다. 산모는 출혈이 심해 고통을 받고 있었다. 그 부부에게는 이번이 첫아이였다. 의사는 산모의 생명이 위독하다고 말했다. 나는 태아의 상태를 물어보았다.

　의사는 잘 알 수 없다고 했다. 결국 아기와 산모 중 누구를 구할 것인가를 결정하지 않으면 안 되었다. 아기 아빠도 산모도 첫아기를 몹시 갖고 싶어 했다. 산모는 자기가 죽더라도 아기를 구하고 싶다고 말했다. 여러모로 상의한 끝에 나에게 결정이 맡겨졌다.

　나는 먼저 내가 결정하는 것은 나 개인의 결정이 아니라, 탈무드 또는 유대의 전통이 내리는 결정이니 반드시 내 말에 따르겠느냐고 물어보았다. 그러자 부부는 그것이 유대의 가르침이라면 받아들이겠다고 말했다.

　그래서 나는 산모의 생명을 구하고, 태아를 희생시키기로 결정했다. 산모는 그것을 살인이라고 말했다. 그러나 유대의 전통에 의하면 아기는 태어나기 전에는 생명이 없는 것으로 되어 있다. 태아는 산모의 일부분에 지나지 않는다. 생명을 구하기 위해서는 신체의 일부를 잘라내는 일도 있을 수 있다. 유대의 전통에서는 그런 경우에는 반드시 산모를 구하도록 되어 있다.

　그곳에 가톨릭 신부도 있었는데, 그는 아기를 구하고 산모를 희생시켜야 한다고 했다. 가톨릭에서는 잉태되면 이미 생명이 생긴 것으로 생각하기 때문에 가톨릭의 사고방식에 따르면 산모는 이미 세례를 받았으므로 구원을 받을 수 있지만, 아기는 아직 세례를 받지 못했기 때문에 구원을 받을 수 없다. 그러므로 유대의 결정은 올바르지 못한 것이라고 말했다.

그들 부부는 나의 결정에 따랐고, 산모는 생명을 구했다. 그 후 얼마 안 되어 그들에게는 다시 귀여운 아기가 태어났다.

불공정한 거래

한 상인이 나에게 와서 다른 가게에서 부당하게 값을 내려 자기 집 손님을 빼앗아가고 있다고 호소했다. 탈무드는 부당경쟁에 대하여 아주 많이 다루고 있는데도 나는 그때까지 탈무드에 그것이 적혀 있는 것을 모르고 있었다.

아무튼 나는 일주일의 여유를 달라고 하여 탈무드를 공부한 뒤 결정하기로 하였다. 탈무드는 다음과 같이 가르치고 있다.

어떤 상품을 취급하고 있는 상점 근처에 새로 개업하여 똑같은 상품을 팔아서는 안 된다. 그러나 다음의 경우에는 여러 가지 의견이 있을 수 있다. 상점이 둘 있는데 그중 하나가 아이들에게 경품을 주었다. 팝콘 같은 보잘것없는 것이지만 그것을 좋아한 아이들이 어머니까지 데리고 와서 쇼핑하여 그곳의 판매가 오르는 경우이다.

값을 내려 경쟁하는 것은 손님에게 이익이 되므로 좋지 않은가 하는 랍비도 있다. 또 어떤 랍비는 손님을 유혹하기 위하여 값을 내리거나 경품을 주는 것은 부당경쟁이라고 말하기도 한다.

그런데 대다수의 랍비는 값을 아무리 내려도 그 경쟁은 부당한 경쟁이 아니라고 한다. 사는 사람에게 이득이 되면 그것으로 좋지 않은가 하는 생각이다. 며칠 후에 다시 온 그에게 나는 이렇게 말했다.

"물건을 훔치는 행위는 확실하게 금지되어 있으나, 어떤 사정으로 값을 얼마간 내리는 것은 정당한 행위입니다."

자유경쟁의 원리에 따라 소비자가 이득을 보게 된다면 바람
직하지 않겠는가. 나의 아내는 언제나 물가가 오른다고 한탄하고
있다.

위기를 벗어난 부부

결혼한 지 10년이 된 부부가 있었다. 아주 사이좋은 부부로 알려져 있었고, 겉으로는 매우 행복해 보이는 부부였다. 그런데 어느 날 남편이 나에게 이혼 허가를 받으러 왔다. 나는 그 부부를 전부터 잘 알고 있었으므로 설마 결혼생활에 금이 갔으리라고는 생각하지 않았다. 그는 자기 부부 사이에 아이가 없다고 이혼하라는 강요를 친척들에게서 받았다고 말했다. 유대의 전통에 따르면, 결혼한 지 10년이 지나도록 아이가 없으면 이혼할 권리가 있다. 그러나 그들 부부는 남편도 아내도 결코 헤어질 수 없다고 생각했다. 그렇지만 그의 가족들로부터 아주 심한 압력이 있어서 그는 어쩌지 못하고 나와 상의하러 왔던 것이다.

나중에 두 사람이 함께 왔을 때 나는 이 부부가 서로 사랑하고 있다는 것을 알았다. 일반적으로 랍비는 이혼에 대하여 언제나 반대하고 있다. 왜냐하면 악처를 한번 맞아들였던 사람은 이혼하더라도 같은 어리석음을 또다시 되풀이할 뿐이어서 또 악처를 맞아들일 것이 틀림없기 때문이다.

그는 사랑하는 아내와 헤어지면서 아내에게 굴욕감을 안겨주지 않기 위해 가능한 한 평온하게 헤어질 것을 바라고 있었다. 그래서 나는 탈무드적 발상법을 사용했다. 나는 그에게 아내를 위하여 성대한 파티를 열고, 그 자리에서 여러 해 동안 자기와 함께 살아온 아내가 얼마나 훌륭한가를 모든 사람에게 말해주라고 충고

했다.

그는 이 제안에 아주 기뻐했다. 자신이 아내가 싫어져서 이혼하는 것이 아님을 어떻게 해서라도 알리고 싶었기 때문이다. 나는 거기서 그에게 올가미를 씌웠다. 그가 헤어지는 아내에게 무엇인가 선물을 하고 싶다고 하기에 무엇을 줄 생각이냐고 물어보았다. 그는 그녀가 오랫동안 가장 소중하게 간직할 것을 주고 싶다고 말했다. 나는 그에게 파티가 끝난 다음에 그녀에게 '내가 가지고 있는 모든 것 가운데서 당신이 가장 갖고 싶은 것 하나가 있으면 그것을 주겠다'고 말하라고 권고했다. 나는 그녀에게도 같은 충고를 해주었다. 파티가 끝난 뒤 남편은 내가 충고한 대로 "갖고 싶은 것이 있으면 아무것이나 하나 가지시오."라고 말했다.

다음 날 아침 증인을 입회시키고, 이혼하는 남편에게 가장 갖고 싶어 하는 것을 이야기하기로 하였다. 그녀는 오직 하나, 남편을 골랐다. 결국 그들 두 사람은 이혼을 취소했으며, 그 후에 그들에게는 아이가 둘이나 생겼다.

고통받은 200만 원

어느 날 두 남자가 숨을 헐떡이며 나에게 달려왔다. 얘기를 들어보니까 두 사람은 친구 사이로, 한쪽이 돈을 필요로 했기 때문에 거액을 빌려주었다고 한다. 그런데 돈을 갚을 때가 되자 빌려준 사람은 500만 원을 주었다고 하고, 빌려간 사람은 200만 원이라고 주장한다는 것이다.

나는 어느 쪽이 거짓말을 하고 있는지를 알아내야 했다. 그래서 우선 한 사람씩 따로따로 만나서 이야기를 듣고, 그다음에는 두 사람을 함께 만나서 이야기해보았다.

나는 그들에게 다음 날 아침 한 번 더 오라고 하고, 그때 판정을 내리겠다고 말해주었다. 두 사람이 돌아간 후 나는 서재에서 여러 가지 책을 보았다.

500만 원을 빌려주었다고 주장하는 사람과 200만 원밖에 빌리지 않았다고 주장하는 사람이 어떤 심리 상태에 있는가를 연구했다. 물론 증서가 있다면 문제될 것 없으나 유대인 사회에서는 친구에게 돈을 빌려줄 때는 증서를 만들지 않는 것이 관례로 되어 있다.

어쨌든 나는 200만 원밖에 빌리지 않았다고 주장하는 사람은 전혀 아무것도 빌리지 않았다고 주장해도 되는 게 아닌가 하고 생각했다. 동시에 나에게 와서 500만 원을 빌려주지 않았으면서도 500만 원을 빌려주었다고 주장하는 것 역시 의아하게 생각되었다. 그런데 탈무드에는 이런 가르침이 있다.

사람이 거짓말을 할 때는 아주 철저하게 한다. 만약 어떤 사람이 자기에게 불리한 것을 조금이라도 말하는 경우에는 사람들은 그의 말을 믿기 쉽다.

그에게는 아직 약간의 정직이 남아 있기 때문이다. 따라서 당사자가 둘인 경우에는 그 거짓말의 정도가 가볍게 된다. 나는 처음에는 500만 원을 기일 내에 반드시 갚겠다고 생각하고 빌렸다 하더라도, 막상 기일이 되어 200만 원밖에 없는 경우에 200만 원밖에 빌리지 않았다고 주장하는 것은 있을 수 있다고 생각했다. 그러나 한편으로는 빌려준 사람도 거짓으로 500만 원이라고 말하고 있는지도 모른다고 생각했다.

우선 200만 원밖에 빌리지 않았다고 주장하는 사람을 불러 정말로 당신은 200만 원밖에 빌리지 않았느냐고 다짐하라고 했으나 그는 여전히 200만 원밖에 빌리지 않았다고 했다.

그래서 나는 '500만 원을 당신에게 빌려준 사람은 대단한 부자이며 돈이 별로 필요하지 않다. 하지만 누군가 제3자가 이스라엘에 돌아오지 않으면 안 된다든가 하는 어떤 이유에서 갑자기 돈이 필요하여 그 사람에게 갔을 때 당신이 빌려간 돈을 제대로 갚지 않는다면 그는 결코 돈을 빌릴 수가 없을 것이다. 유대에서는 돈은 언제나 돌고 있지 않으면 안 된다. 그래도 당신은 200만 원밖에 빌리지 않았다고 주장하겠느냐'라고 물어도, 그는 그렇다고 말할 뿐이었다.

나는 그를 데리고 교회로 가서 『구약성서』에 손을 얹고 200만 원밖에 빌리지 않았다고 맹세하라고 말했다. 그러자 그는 갑자기 사실은 그렇지 않다며, 자기는 확실히 500만 원을 빌렸다고 자백하였다. 이것은 다른 사람들에게는 언뜻 이해가 되지 않는 일인지도 모른다. 그러나 유대인에게 있어서 교회에서 『구약성서』에 손을 얹는 것은 아주 중요한 일이다. 『구약성서』에 손을 얹고 거짓말을 하는 사람은 전문적인 범죄자 이외에는 없다.

그 대신 성서는 소중한 것이기 때문에 아주 중대한 문제가 아니면 사용되지 않는데, 성서에 손을 얹으면 99.8퍼센트의 사람들은 절대로 거짓말을 하지 않는다.

그 정도로 맹세라는 것은 중대한 것이며, 대단히 두려운 것으로 여긴다. 미국과 유럽의 기독교 법정에서 손을 들어 맹세하는 풍습은 여기서부터 유래된 것이다.

단 하나의 구멍 ——————— ✳

한 남자가 회사에서 일하고 있었다. 그런데 그는 자기가 부당한 대우를 받고 있다는 생각이 들어 사장에게 항의하기로 했다. "저는 이제까지 제 명예를 손상시키면서까지 사장님을 위하여 열심히 일해 왔습니다. 그러나 이제 생각해보니 그럴 이유가 조금도 없는 것 같습니다. 퇴직금이나 받고 그만두고 싶습니다." 하고 불평하기 시작했다. 그러나 사장은 사장대로 "당신은 그다지 열심히 일하지 않았습니다. 나도 마침 당신을 해고하려던 참이오. 퇴직금 같은 것은 한 푼도 줄 수 없소." 하고 대꾸했다.

어느 날 그는 금고에서 돈과 서류를 훔쳐 달아나버렸다. 외국으로 도망쳤는데 어디로 갔는지 알 수 없었다. 그런데 한 달 후에 외국의 한 도시에서 그가 길을 걷고 있는 것을 사람들이 보았다고 했다.

사장은 나를 찾아와 항공권을 주면서 "이것으로 그가 있는 곳에 가서 그에게 이야기 좀 해주세요." 하고 부탁했다. 그곳은 아주 먼 곳이었으나 나는 비행기를 타고 출발했다.

도착한 지 이틀 만에 나는 비로소 그를 찾아낼 수 있었다. 그는 매우 놀랐다. 돈을 가지고 도망친 데다 자기에게는 중요하지 않다 하더라도 그 회사로서는 대단히 중요한 서류를 탈취했으니 놀랄 수밖에 없지 않은가? 나는 사흘 정도 그와 이야기를 나누었다.

나는 내가 왜 여기에 오게 되었는가를 설명했고, 여러 가지 자세한 문제는 제쳐놓고 문제의 핵심이 무엇인가를 생각해보았다.

나는 세세한 문제에는 관심이 없었다. 그것은 법률적으로 처리할 문제였다. 나에게 있어서 중요한 것은 두 사람의 유대인을 상대하고 있다는 것이었다. 유대인끼리 서로 싸우는 것 같은 충돌은 용납될 수 없다.

나는 탈무드를 인용하여 "유대인은 모두 한 가족이며 형제입니다. 우리들은 이방인과 섞여 살고 있으므로 유대인끼리는 평화롭게 지내야 합니다." 하고 말했다.

그는 자기의 행동이 올바르다는 것을 변명하기 위하여 "내가한 행동은 나의 자유에 속하는 것입니다."라고 말했다. 그래서 나는 "아마 당신이 옳을지도 모릅니다. 나는 잘 이해가 가진 않지만 당신의 변명이 옳을지도 모르지요. 그러나 자기 멋대로 행동하는 것은 허용되지 않습니다."라고 하면서 탈무드에 나오는 이야기를 들려주었다.

많은 사람들이 배를 타고 항해하고 있었다. 한 남자가 자기가 앉아 있는 배 밑바닥에만 구멍을 뚫기 시작했다. 사람들이 놀라며 큰소리를 치자 그는 "이것은 내 자리이니 내가 무엇을 하든 그것은 나의 자유요" 하면서 태연하게 하던 일을 계속했다. 잠시 후 그 배는 침몰하고 말았다.

한 유대인이 회사의 돈과 서류를 가지고 달아나버렸다. 주위 사람들은 무엇이라고 할까? 이것은 유대인에게 오명을 남기게 될 것이다.

그는 결국 나의 이야기를 납득하고는 "당신이 옳다고 하는 것에 따르겠습니다."라고 말하면서 자기가 가진 돈과 서류를 나에게 맡겼다.

회사로 돌아와 사장과 만나 이야기를 나눈 뒤 최종적인 해결을 보았다. 물론 그의 이야기가 올바르다면 나에게 맡겨진 돈과 서류를 그에게 돌려주려고 생각하고 있었다.

여러 가지로 이야기를 한 결과, 그가 바라는 만큼은 아니지만 그래도 어느 정도의 퇴직금도 받고 일은 순조롭게 매듭지어졌다.

개의 무리   ✳

JCC Jewish Community Center는 유대인 사회에서는 매우 색다른 사회이다. 그것은 단일한 유대 인종의 사회가 아니다. 러시아계·프랑스계·영국계·이스라엘계·미국계 등 여러 계통의 유대인이 모두 조금씩 모여 조그만 그룹을 형성하고 있기 때문이다. 따라서 계율을 엄격하게 지키는 사람, 지키지 않는 사람, 자선심이 많은 사람, 자선심이 적은 사람 등 가지각색의 사람들이 제각기 자기 출신지의 국민성을 반영하여 통합성을 띤 공동체였다.

이러한 사회에는 아무래도 일종의 긴장 상태가 존재한다. 내가 찾아갔을 때 이 사회는 서로 반목하는 두 그룹으로 분열되어 있었다. 나는 그 두 그룹 사람들에게 다음과 같은 탈무드의 이야기를 들려주었다.

하나의 갈대는 쉽사리 부러지지만, 백 개의 갈대를 다발로 묶으면 매우 단단하다. 개의 무리는 개끼리만 놓아두면 서로 싸우지만, 이리가 나타나면 서로의 싸움을 그친다.

오늘날에도 유대인은 안전이 보장되지 못하고 프랑스인·러시아인·반유대주의자 등에 둘러싸여 있으므로 서로 싸우지 않는 것이 좋다고 말했다. 이 기본적인 처지에 대한 인식 아래 오늘날은 큰 말썽 없이 서로 화목하게 지내고 있다.

부부간의 갈등

대개 학교를 갓 졸업한 젊은 랍비들은 내가 원로와 같은 존재라서 무슨 문제가 생기면 나를 찾아오거나 전화로 상의를 해오곤 한다. 한번은 젊은 랍비 한 사람이 나를 찾아왔을 때, 마침 어떤 부부가 문제를 상담하러 왔다. 그래서 그 부부에게 두 사람의 랍비가 함께 얘기를 들어도 좋으냐고 물어 승낙을 얻었다.

부부의 문제를 상담할 때는 두 사람을 동석시킨 채 이야기를 하면 서로 싸울 뿐이므로 따로따로 이야기하지 않으면 안 된다.

한 사람씩 불러 이야기를 들어보니, 실은 둘 다 상대방을 아끼며 사랑하고 있음을 알 수 있었다. 부부간의 문제는 인내심과 동정심을 가지고 대하면 대부분 해결된다. 이때도 나는 우선 남편에게 이야기를 시켜 그의 말에 찬동을 표시하면서 타당성이 있다고 말해주었다. 다음에는 부인에게 이야기를 시켜 끝까지 이야기를 들은 후 그녀의 말도 아주 타당하다고 말해주었다. 두 사람이 나간 뒤 나는 젊은 랍비에게 "당신이라면 어떤 식으로 해결을 하겠습니까?" 하고 물어보았다. 그러자 그 랍비가 물었다.

"나는 전혀 이해할 수가 없습니다. 선생님은 남편의 이야기도 옳다고 하고 부인의 이야기도 옳다고 하셨습니다. 두 사람은 각기 전혀 다른 이야기를 했는데 어찌하여 두 사람의 주장을 모두 옳다고 하십니까?"

그래서 나는 그의 이야기도 옳다고 말했다. 자, 이 같은 판단을 보고 여러분은 어떻게 느끼는가.

　나를 이래도 좋고 저래도 좋은 사람으로 받아들일 것인가. 나는 이렇게 생각한다. 여러 종류의 사람들이 갖가지 다른 관계에 있는 경우 당신은 옳다, 당신은 그르다는 식으로 단정하여 판단해서는 안 된다. 그것은 오히려 문제를 더 복잡하게 할 뿐이다. 이때 중요한 것은 양자의 흥분 상태를 냉각시키는 일이다. 그러기 위해서는 양자의 주장을 모두 인정해주고, 그에 따라 양자가 냉정을 되찾기를 기다린 후에 서로 화해시켜야 한다.

　그러므로 이러한 갈등에는 우선 어떤 의견이든지 양자의 주장을 인정하는 것이 필요한 것이다.

진실과 거짓

많은 사람들이 나에게 여러 가지 문제를 가지고 와서 해결해달라고 부탁한다. 이러한 문제들은 가지각색이어서 하나도 같은 것이 없다. 다만 한 가지 공통된 점이 있다면 누가 거짓을 말하고 있는가, 그렇지 않으면 스스로 거짓이라는 것도 모르고 말하고 있는가, 그것을 어떤 방법으로 가려내야 하는가 하는 문제들이다. 무엇이 진실이고 무엇이 거짓인가를 구별하는 것은 아주 어려운 일이다. 탈무드는 이에 관하여 두 가지 판별 방법을 가르쳐주고 있다.

솔로몬 왕은 매우 현명한 사람으로 알려져 있었다. 하루는 두 여자가 한 아이를 데리고 와서 서로 자기 아이라고 주장하면서 솔로몬 왕에게 판결을 요청했다.

솔로몬 왕은 여러 가지로 조사를 해보았으나 누구의 아이인지 알 수가 없었다. 유대에서는 어떤 물건이 누구의 것인지 알 수 없을 경우에는 공평하게 둘로 나누는 것이 관례로 되어 있었다. 그래서 솔로몬 왕은 아이를 둘로 잘라서 나누어주라고 명령했다. 그러자 한 여자가 갑자기 미칠 듯한 표정을 지으면서 그렇다면 아이를 상대방 여자에게 주라고 울부짖었다. 그 광경을 보고 솔로몬 왕은 "당신이야말로 이 아이의 어머니요"라고 하면서 아이를 그 여자에게 넘겨주었다.

어떤 부부에게 두 아이가 있었다. 둘 다 아들이었으나 그중 한 아이는 모친이 다른 남자와 불륜의 관계를 맺어 낳은 아이였다. 어느 날 남편은 아내가 다른 사람에게 두 아들 중의 하나는 아버지가 다르다고 이야기하는 것을 들었다. 그러나 그는 어느 쪽이 자기 자식인지 가려낼 수가 없었다. 그 뒤 그는 병이 들게 되자 죽음을 예상하고 자기의 피를 이어받은 아들에게 자기의 전 재산을 물려준다고 유언했다. 그가 죽자 유서는 랍비에게 보내지고, 랍비는 죽은 남자의 피를 이어받은 아들이 누구인지를 가려내야 했다. 랍비는 두 아들을 데리고 그들 부친의 묘로 가서, 묘를 욕되게 하기 위하여 있는 힘을 다해 몽둥이로 무덤을 치라고 했다. 그러자 한 아들이 "나는 도저히 아버지의 묘를 욕되게 할 수 없다"며 울음을 터뜨렸다. 랍비는 그가 진짜 아들이라고 판단했다.

귀한 약

내 친구 중의 하나가 병에 걸려 어떤 새로 개발된 약을 복용하지 않으면 목숨을 잃게 될 지경에까지 이르렀다. 그러나 그 약은 좀체 구하기 어려운 약이었다. 수요는 많은데 생산은 소량이었기 때문이다. 그래서 가족들이 나에게 와서 "당신은 교수나 의사들을 많이 알고 있으니까 그 약을 구할 수 있지 않겠느냐"면서 간곡히 부탁했다.

나는 한 의사에게 전화를 걸어 친구를 좀 도와줄 수 없겠느냐고 물었다. 의사는 나에게 "만약 그 약을 당신 친구에게 주면 그로 인해 약을 먹을 수 없는 사람이 생기게 된다. 그리하여 약을 얻지 못한 사람은 죽을지도 모른다. 그래도 당신은 나에게 약을 부탁하겠느냐"고 물었다.

나는 생각할 시간을 달라고 해놓고 탈무드를 펴보았다. 어떤 사람을 죽임으로써 자기의 생명을 구할 수 있다면 어떻게 해야 하는가? 그 사람을 죽이지 않으면 자기가 죽게 되는 경우에는 어떻게 해야 하는가? 자기의 생명을 구하기 위하여 남을 죽여서는 안된다. 자기의 피가 상대의 피보다 더 붉다고 어떻게 말할 수 있겠는가? 어떤 사람의 피가 다른 사람의 피보다 더 붉다고 할 수는 없다. 이것을 나의 경우에 적용해보면, 내 친구의 피가 그 약을 구할 수 없어 죽게 되는 다른 사람의 피보다 더 붉다고 말할 수는 없는 것이다.

　그래서 나는 이 문제를 그 가족들에게 어떻게
설명해야 할지 고민했다. 나의 교구에 있는 사
람의 목숨이 위독하여 그 가족들이 나에게 도
움을 청해왔는데, 탈무드에 따르면 나는 친구
의 죽음을 보고만 있어야 하는 것이다. 나는 약을 받
지 않기로 결정했다. 결국 그 친구는 죽었다.

세 사람의 경영자 —————— ✳

두 사람의 공동 경영자가 있었다. 빈손으로 출발했으나, 현재는
임대 빌딩을 갖고 있는 등 사업을 완전히 정착시킨 성공한 사람들
이었다. 두 사람 모두 경험이라고는 조금도 없었지만 아주 부지런
히 일했기 때문에 차차 발전하여 대단한 성공을 거두었다.

어느 날 그들은 자기들이 굉장히 성공했다는 것을 새삼스럽게
깨달았다. 둘 사이에는 아무런 증서도 없지만, 두 사람이 모두 건
강할 때는 문제가 없었다. 그러나 아들 대에 물려주었을 때에도
문제가 생기지 않도록 계약을 맺어두기로 했다.

그런데 일단 계약이 성립되자 사사건건 서로 반목하게 되었다.
우선 계약을 할 때부터 의견 충돌이 있었다. 당신은 공장의 책임
자이고 나는 본사의 책임자라는 식으로 세세한 문제까지 규정하
려고 했으므로, 서로 상대가 자기에게만 유리하게 하려 한다고 생
각했다.

사업을 시작한 후 성공하기까지 둘 사이에 어떤 충돌도 없었던
만큼 그들은 함께 나에게 찾아왔다. 이것은 어느 쪽이 옳고 어느
쪽이 그르다는 문제가 아니었으므로, 나도 간단히 결론을 내릴
수 없었다. 한 사람은 영업, 한 사람은 생산으로 나뉘어 서로 "내
가 없었다면 이 회사는 존재하지도 않았다", "내가 판매를 맡지
않았다면 이 회사는 망했을 것이다"라고 말다툼을 했다.

나는 자신은 없었지만 다음과 같이 대답했다.

두 사람이 다투기 전에는 사업이 잘되고 있었다. 따라서 두 사람이 반목함으로써 사업을 망치는 것은 어리석기 짝이 없는 일이다. 그렇다고 이 상태로는 사업을 계속할 수 없을 것이다. 무엇인가 해결책을 찾지 않으면 안 된다.

나는 탈무드에서 다음과 같은 간단한 이야기를 찾아냈다.

아이가 태어날 때는 부친과 모친, 하느님에 의해서 그 아이의 생명을 부여받는다. 성장함에 따라서 그 아이에게는 또 하나의 생명을 부여하는 자가 생기게 된다. 그것은 교사이다.

"당신네 회사의 경영자는 누구와 누굽니까?" 하고 두 사람에게 묻자 그들은 두 사람 모두라고 대답했다. 그래서 나는 이렇게 말했다.

"하느님도 경영자 중의 하나로 생각하면 어떻습니까? 누가 뭐라 해도 하느님은 전 우주와 더불어 계십니다. 자기가 잘했다고 주장하는 일은 없으나 우주의 모든 움직임은 하느님의 행위이시므로 하느님을 경영자로 세워도 좋지 않겠습니까?"

그때까지 이 회사는 두 사람의 대표자만 있고 사장은 없었다. 그러나 두 사람은 서로 사장이 되고 싶어 했다. 그래서 나는 이렇게 조언해주었다.

"이 회사가 당신들의 회사인 것은 분명하지만, 동시에 하느님의 회사입니다. 당신들은 유대인을 위하여 일하고 있는 것이니 이 회사가 내 것이라는 의식을 너무 내세우지 말고, 우리들은 하나의 의무를 수행하고 있는 것이라고 생각한다면 누가 사장이 되느냐 하는 문제는 사소한 문제임을 깨닫게 될 것입니다. 영업 담당자는 영업을 하고 공장 담당자는 공장에서 일하기만 하면 되는 것입니다."

그 후 이 회사는 아주 번창했다. 자선을 위하여 일정한 비율의 돈을 적립하게 되었고, 그것이 하나의 목표가 되어 누가 사장이 되는가 하는 문제는 거론되지 않고 수익은 올라가고 있는 것 같다.

보트의 구멍 ──────── ✳

회사에서 고용주가 가끔 종업원을 해고시키는 일이 있다. 그런데 그것만큼 언짢은 일은 없으며, 이것이 때때로 사회문제로까지 확대되는 경우도 있다.

어떤 유대인 회사에서 많은 유대인을 고용하고 있었다. 이런 경우 그 유대인을 해고하는 것은 매우 곤란하다. 아내나 자식 등 부양가족이 있다는 점은 다른 나라 사람의 경우와 마찬가지이지만, 유대인의 경우에는 다른 직업을 구하기가 어렵기 때문이다. 특히 다른 나라에서 사는 것은 아주 힘들다. 외국 회사가 유대인을 고용하는 경우도 적고, 외국으로 가거나 본국으로 돌아가려 해도 역시 돈이 필요하다. 그러므로 어떤 이유에서건 유대인 회사가 유대인 종업원을 해고하기는 극히 어렵다.

그래서 나는 언제나 종업원이 해고되지 않도록 노력하고 있다. 만약 그가 해고되어 직장을 잃게 되면, 자기의 가족들로부터 존경받지 못하고 비참해질 뿐만 아니라, 유대 사회 전체가 그들을 부양해야 하므로 사회 전체의 부담이 되기 때문이다. 더욱이 원래 유대인들은 동정심이 많기 때문에 실제로 남을 해고하는 일은 극히 드물다. 언젠가 그 드문 일이 일어난 적이 있었다. 한 고용주가 나와 상의하러 왔다. 그는 나에게 말했다.

"나는 종업원 한 사람을 해고시켜야만 합니다. 그는 내가 지금 해고하지 않더라도 결국 해고되고 말 것입니다. 그는 아무것도 할 수 없는 바보이니 다른 곳에 가더라도 결국 마찬가지일 것입니다. 그러나 그렇다고 해도 나는 그를 해고하고 싶지 않습니다. 그를 해고하지 않아도 괜찮다고 나 자신을 설득시킬 어떤 핑계가 없을까 랍비께 묻고 싶습니다."

그래서 나는 탈무드에 나오는 이야기를 해주었다.

한 남자가 작은 보트를 가지고 있었다. 여름이 되면 그는 가족들을 태우고 호수에서 낚시를 하기도 하면서 즐겼다.

여름이 다 지나 보관하려고 보트를 육지로 끌어올리고 보니 보트 밑바닥에 작은 구멍이 뚫려 있었다.

그러나 그것은 아주 작은 구멍이었으므로 그는 내년 여름에 다시 사용할 때 고치리라 생각했다. 그리고 겨울 동안에 어느 페인트공을 시켜 보트에 페인트칠을 했다.

다음 해 봄은 아주 일찍 찾아왔다. 그의 두 아들은 일찍부터 호수에 보트를 띄우고 놀고 싶어 했다. 그는 배에 구멍이 뚫려 있다는 것을 까맣게 잊어버리고 아들들에게 배를 타도록 허락했다.

두 시간쯤 뒤에 그는 보트에 구멍이 뚫려 있다는 생각이 문득 떠올랐다. 아이들은 수영을 잘하지 못했다. 그가 사람들에게 도움을 청하려고 뛰쳐나가자 그때 두 아들이 보트를 몰고 유유히 돌아오고 있었다. 그는 두 아들을 와락 끌어안았다.

234

그는 배를 조사해보았다. 누군가가 보트의
구멍을 때워놓은 것을 알 수 있
었다.

그는 페인트공이 그 구멍을 수리해
놓았다고 생각하고 선물을 가지고 페인트
공에게 답례하러 갔다. 그러자 페인트공은 "내가 페인트칠을 할 때
돈을 다 받았는데 어째서 또 이런 선물을 주십니까?" 하고 물었다.
그래서 그는 "보트에 작은 구멍이 뚫려 있던 것을 당신이 고쳐주었습
니다. 나는 물론 금년에 보트를 다시 사용할 때 그것을 고치려고 마
음먹고 있었지만 줄곧 잊고 있었습니다. 당신은 내가 구멍을 때워달
라고 부탁하지도 않았는데 꼼꼼하게 수선을 해주었습니다. 당신이
잠깐 동안 수선해준 덕택에 내 자식들의 목숨을 건지게 되었습니다."
하면서 고마워했다.

아무리 작은 것이라도 그것이 얼마나 크게 도움이 될지 상상
해보는 것은 매우 어려운 일이다.

나는 그 고용주에게 이렇게 말하고 그에게 한 번만 더 기회를
주라고 당부했다.

축복의 말씀　　　────────　✳

　　어떤 병실에 나와 의사와 환자 이렇게 셋이 있은 적이 있었다. 환자는 중상을 입어 내출혈이 심했다. 주위는 온통 지독한 냄새로 가득 차 있었다. 환자는 물론 의식불명이었고, 의사는 그의 생명을 구하려고 안간힘을 쓰고 있었다. 다량의 피를 수혈했다. 수혈을 그치면 죽게 될 상태여서 의사는 절망적인 표정을 하고 있었다.

　　의사가 나에게 "지금 당신은 무슨 생각을 하고 있습니까?" 하고 물었다. 그래서 나는 "지금 죽음에 대해 생각하고 있지는 않습니다. 가느다란 혈관으로 붉고 귀중한 액체를 받아들이고 있는 이 사람이 위태롭다는 것을 생각하고 있습니다."라고 말했다. 결국 수혈은 멎었고 그는 죽었다. 의사는 기진맥진한 나머지 나에게 도움을 청했다. 나는 그에게 탈무드 이야기를 들려주었다.

　　유대인은 왕을 만나거나, 식사를 하거나, 해돋이를 보거나 하는 모든 경우에 각각 짧은 축복의 말을 한다. 가령 화장실에 갈 때에도 따로 축복의 말이 있다.

　　그러자 의사는 "당신은 화장실에 갈 때에 뭐라고 기원합니까?" 하고 물었다. 그래서 나는 이렇게 말했다.

　　"몸은 뼈와 살과 여러 부분으로 되어 있는데, 그중에서 닫혀 있어야 할 것은 닫혀 있고 열려 있어야 할 것은 열려 있어야 합니다. 이것이 거꾸로 되면 매우 곤란한 경우가 생기므로 언제나 열 것은 열고 닫을 것은 닫아주시라고 기원합니다."

　그러자 의사는 "그 기도의 말은 해부학에 정통해 있는 사람의
말 같습니다."라고 말했다.

위생 관념

탈무드의 가르침에 의하면, 유대인은 아주 엄격한 보건위생 관념이 있다. 다음은 그 가르침 중의 일부이다.

컵으로 물을 마실 때는 사용하기 전에 씻고, 사용한 뒤에 다시 씻는다.

자기가 사용한 컵을 씻지 않고 남에게 건네주어서는 안 된다.

안약을 넣는 것보다는 아침저녁 눈을 물로 씻는 것이 좋다.

의사가 없는 곳에서는 살지 말라.

화장실에 가고 싶을 때는 1초라도 참지 말라.

왜 우십니까?

    자선심이 많고 평판이 매우 좋으며 예의 바른 유대인 남자가 있었다. 그러나 그는 유대 사회에서는 전혀 활동하지 않고 있었다.

    어느 날 나는 호텔에서 그와 함께 식사를 하게 되었다. 유대인들은 사업가를 만나면 '요즈음 사업이 어떻습니까? 잘 되어갑니까?' 하는 질문을 하고, 랍비를 만나면 '뭐 좀 재미있는 책을 읽으셨습니까?'라든가 '요즈음 무슨 재미있는 일이라도 생각해냈습니까?' 하는 식으로 묻는 습관이 있다. 학문을 직업으로 하고 있는 랍비는 항상 글자 그대로 주머니 속에 여러 가지 이야깃거리를 집어넣고 다닌다. 그도 역시 요즈음 재미있는 책을 읽었느냐고 물었다. 그래서 나는 "요즈음은 탈무드에서 죄에 대해 재미있는 것을 발견했습니다. 당신도 탈무드를 공부할 때 그 부분을 읽으시는 게 어떻습니까?" 하고 말한 뒤 다음과 같은 이야기를 들려주었다.

    아주 뛰어난 랍비 한 사람이 있었다. 그는 고결하고 친절하고 자애심이 깊어 모두 그를 존경했다. 그는 꽤 세심한 성격을 가졌고 하느님을 아주 깊이 경외하고 있었다. 개미 한 마리 밟아 죽이지 않을 만큼 하느님이 창조해낸 모든 것에 세심한 배려를 하면서 신중하게 생활하고 있었다. 그는 물론 제자들로부터도 존경을 받고 있었다.

    여든 살을 넘긴 어느 날, 그의 육체는 갑자기 노쇠하기 시작했다. 물론 그도 스스로 그것을 느끼고 죽을 때가 가까웠음을 깨달았다.

수제자가 머리맡에 모였을 때 그는 울기 시작했다. 제자가 말했다.

"선생님, 왜 우십니까? 선생님께서는 하루라도 공부할 것을 잊은 날이 있었습니까? 무심코 가르치지 않은 날이 하루라도 있었습니까? 자선을 베풀지 않았던 날이 하루라도 있었습니까? 선생님께서는 이 나라에서 가장 존경받는 분이십니다. 하느님을 가장 깊이 경외하는 분도 선생님이십니다. 더욱이 선생님께서는 정치와 같은 더럽혀진 세계는 한 발짝도 발을 들여놓으신 적이 없으셨습니다. 선생님께서는 울어야 할 이유가 전혀 없는 것 같습니다."

그러자 랍비는 이렇게 말했다.

"그게 바로 내가 울고 있는 이유이다. 죽는 순간에 누가 나에게 그대는 공부했는가, 그대는 하느님께 기도했는가, 그대는 자선을 베풀었는가, 그대는 올바른 행동을 했는가 하고 묻는다면 나는 모두 '그렇다'고 대답할 수 있다. 그러나 그대는 인간생활에 참여했는가라고 묻는다면 '아니오'라고고밖에 대답할 수 없다. 그 때문에 나는 울고 있는 것이다."

나는 자기 자신의 일에는 성공하고 있으나 유대인 사회에는 얼굴도 내놓지 않는 이 유대인에게 탈무드의 이야기를 들려주고 유대인 사회의 생활에 참여하는 것이 어떻겠느냐고 권유했다.

어떤 농장

자선을 하기 위해 어딘가에 헌금을 하면 사람들은 일반적으로 돈을 잃어버렸다고 생각하는데 그렇지가 않다. 실제로는 남에게 돈을 주면 그만큼 들어오게 된다. 여러분이 자선에 돈을 쓰면 쓸수록 돈은 여러분에게 다시 되돌아온다고 이야기를 할 때, 나는 다음의 탈무드 이야기를 인용한다.

어떤 곳에 큰 농장이 있었다. 그 주인은 예루살렘 근처에서 가장 자선을 많이 베푸는 농부라고 알려져 있었다. 매년 랍비들이 그의 집을 방문했는데, 그는 조금도 아낌없이 자선을 베풀었다.

그는 큰 농장을 경영하고 있었지만, 어느 해 폭풍우 때문에 과수원이 모두 망가지고 전염병으로 그가 기르던 가축들이 모두 죽어버렸다. 이것을 본 채권자들은 그의 집에 와서 재산을 모두 압류하고 좁은 땅 하나만을 남겨놓았다. 그러나 그는 '하느님이 주시고, 또 하느님이 모두 가져가시니 어쩔 수 없는 일'이라고 말하면서 태연했다.

그해에도 언제나처럼 랍비들이 찾아왔다. 랍비들은 그토록 잘 살았는데 이렇게 몰락하다니 하고 동정했다. 농장 주인의 아내는 남편에게 "우리들은 언제나 랍비들에게 학교를 지어주고, 교회를 유지케 해주기도 하고, 가난한 사람과 나이 든 사람들을 위하여 많은 헌금을 해왔는데, 올해에는 아무것도 바치지 않는다면 미안하지 않겠습니까?" 하고 말했다. 부부는 차마 랍비들을 빈손으로 돌려보낼 수는 없다고 생각했다. 그래서 단 하나 남아 있던 토지의 반을 팔아서 그것을 랍비들에게 헌금하고, 그 대신 나머지 반쪽의 토지에서 더 열심히 일하여 보충하려고 생각했다. 랍비들은 생각지도 않았던 헌금을 받고 몹시 놀랐다.

그 후 부부가 남은 반쪽의 토지를 갈고 있는데, 밭갈이를 하던 소가 쓰러지고 말았다. 진흙에 빠진 소를 끌어냈을 때 소의 발밑에서 보물이 나왔다. 그리하여 그 보물을 팔아 다시 토지를 사고 예전과 같은 농장을 경영할 수 있었다.

이듬해 랍비들이 다시 왔다. 랍비들은 농부가 아직도 가난한 생활을 하고 있으리라 생각하고 작년의 그 좁은 토지로 그를 찾아갔다. 그런데 부근의 사람들이 "아니오, 그는 이제 여기서 살지 않습니다. 저쪽의 큰 집에서 살고 있습니다."라고 말해 그곳으로 가서 농부를 만났다.

그는 작년에 있었던 일을 설명하면서 아낌없이 자선을 행하면 반드시 그것은 되돌아온다고 말했다.

나는 헌금을 모을 때마다 이 이야기를 여러 번 되풀이한다. 그리고 그때마다 성공하고 있다.

242

살아 있는 바다 ——— ✳

　유대인은 세계의 여러 민족 가운데 가장 자선을 중요시하는 민족이다. 그럼에도 불구하고 오늘날의 유대인 가운데는 타인의 권유를 받지 않으면 자선을 베풀지 않는 사람들이 있다. 그런 경우 나는 다음과 같은 이야기를 한다.

　이스라엘에는 요단강 부근에 큰 호수가 두 개 있다. 하나는 사해이고, 또 하나는 히브리어로 '살아 있는 바다'라고 불리는 호수이다. 사해는 사방에서 물이 들어오기만 하고 빠져나가지는 않는다. 그러나 '살아 있는 바다'는 물이 들어오는 반면 물이 흘러나가기도 한다.

　자선을 베풀지 않는 것은 사해이며, 거기서는 돈이 들어가기만 하고 나오지는 않는다.

　자선을 베푸는 것은 '살아 있는 바다'이며, 물이 흘러들어 가고 또 흘러나온다. 우리들은 '살아 있는 바다'가 되지 않으면 안 된다.

06

유대인의 발

발은 지나온 역사를 그린다. 물론 현재를 모두 밟고 있는 것도 발
이다. 이 장에서는 탈무드의 수난의 역사를 소개한다.

수난의 책

탈무드는 바빌로니아에서 A.D. 500년에 편찬되기 시작했다. 1334년에 손으로 쓴 탈무드가 현재 남아 있는 것 중 가장 오래된 것이다. 최초로 인쇄된 것은 1520년, 베니스에서였다.

1244년, 파리에 있던 모든 탈무드가 기독교도에 의하여 몰수되어 24대의 마차에 실려 불태워졌으며 금서가 되었다.

1263년에는 기독교 대표자와 유대의 대표자가 공개석상에서 만나 탈무드가 기독교에 어긋나는 것인가 아닌가 하는 논쟁을 벌였다.

1451년에 이르자 유대인이 탈무드를 읽는 것이 법으로 금지되었다.

1520년, 로마에서 모든 탈무드가 압수되어 불태워졌다.

그러나 이런 일을 저지른 사람들은 탈무드를 전혀 읽지 않은 사람들이었다. 탈무드를 모르면 모를수록 탈무드를 싫어했던 것이다.

1562년에는 가톨릭교회가 검열하여 탈무드를 잘라내거나 찢어버리기도 했다. 오늘날 남아 있는 탈무드는 완전한 것이 아니다. 언젠가 탈무드를 마이크로필름에 담고 있을 때 책갈피에서 수백 년 동안 잃어버렸던 탈무드 페이지가 발견된 적도 있다. 따라서 탈무드를 읽고 있으면 갑자기 문맥이 끊어지는 수가 있다.

그런 곳은 가톨릭교회가 5분의 1 내지 6분의 1 정도씩 빼버린

곳이다. 왜냐하면 기독교를 비판했다고 생각되
는 곳이나 혹은 비유대인에 대하여 쓰여
있는 곳은 모두 삭제해버렸기 때문이다.

현재 탈무드는 수십 개 언어로 번역되
어 있으며, 탈무드에 대한 관심이 세계적으
로 높아지고 있다.

탈무드는 연구서이다. 유대인에게 있어서 공부한다는 것은 인
생 최대의 목적이다. 유대인을 조금이라도 이해하려면 탈무드가
유대인에게 얼마나 중요한 것인가를 알지 않으면 안 된다. 하느님
의 의지를 행동으로 옮기는 것은 유대인에게는 가장 중요한 일이
기 때문에 탈무드를 공부하지 않으면 살아갈 수 없었다.

그러나 탈무드 공부는 지적인 연구는 아니다. 이것은 종교적 연
구이다. 유대인에게 있어서 하느님을 숭배하는 최대의 행위는 공
부하는 것이다. '공부는 올바른 행동을 만든다'는 것이 유대의 옛
격언이다.

고대 유대에서는 도시나 읍, 마을이 그곳에 있는 학교의 이름
에 의해 알려졌다. 교회는 공부하는 곳이기도 했다. 로마인은 유
대인을 비유대인화하기 위해 탈무드 연구를 금지시켰다.

그러나 유대인에게서 공부하는 것을 빼앗아 가면 유대인은 이
미 유대인이 아니다. 이 연구를 지키기 위하여 많은 유대인들이

죽어갔다. 그러나 지식은 모든 것을 이겨낸다.

나는 유대인 중에는 새벽 5시에 일어나 일하러 나가기 전에 탈무드를 공부하는 사람이 많음을 알고 있다. 점심시간에, 저녁식사 후 또는 버스나 지하철 속에서도 유대인은 공부한다. 또 안식일에도 여러 시간 동안 탈무드를 연구한다. 탈무드는 전부 20권인데 한 권을 다 보았다는 것은 아주 축하할 만한 일이며, 친척들과 친구들을 모두 불러놓고 성대한 잔치를 한다.

유대인은 가톨릭에서의 교황과 같은 최고 권위자가 없다. 유대인의 최고 권위는 탈무드이다. 탈무드를 얼마만큼 연구했는지만이 권위를 재는 척도가 된다.

탈무드의 지식을 가장 많이 가지고 있는 사람들이 랍비이며, 그 때문에 랍비는 권위 있는 사람으로 존경받는 것이다.

탈무드는 6부로 구성되어 있다.

1. 농업, 2. 제사, 3. 여자, 4. 민법·형법, 5. 사원, 6. 순결과 불순의 순으로 나뉘어져 있다.

탈무드의 구성에는 규칙이 있다. 반드시 미쉬나Mishnah(성서 교육서)라고 하는 부분에서부터 시작된다. 미쉬나는 유대의 옛 가르침이나 옛 학자들이 구전되어 온 성서에 관련된 이야기, 교훈 등을 모아 기록한 자료집이다.

미쉬나는 A.D. 200년 이후에 모아졌다. 500g 정도의 아주 작은 책이다. 여기에는 논쟁도 없다. 미쉬나를 둘러싼 방대한 논쟁과 토론이 탈무드인 것이다. 이 토론은 반드시 둘로 나누어진다. 하나는 하라카라고 불리는 부분이고, 또 하나는 아가다라고 불리는 부분이다. 유대인은 세계에서 가장 종교 계율을 엄격히 지키며, 종교에 심취한 사람들이라고 흔히 말해지는데, 유대의 말 중에는 종교라고 하는 단어가 존재하지 않는다. 그것은 생활 전체가 모두 종교이므로 특별히 무엇을 지칭하여 종교라고 부를 수가 없기 때문이다.

하라카는 유대적인 생활양식이라고 번역할 수 있다. 인간의 모든 행동을 성스럽게 고양하고자 하는 것이다. 제의, 건강, 예술, 식사, 대화, 대인관계 등 모든 생활을 다스리는 것이 이 하라카에 있지 않으면 안 된다. 기독교도는 그리스도를 믿는 것으로만 기독교도가 되는데 유대인은 그렇지 않다. 행동만이 유대인을 유대인이 되게끔 한다.

아가다는 탈무드의 3분의 1을 차지하고 있다. 이것은 철학·신학·역사·도덕·시·격언·성서해설·과학·의학·수학·천문·심리학·형이상학 등 인간의 모든 지혜를 포함하고 있다.

유대인의 생활

해가 뜨는 것과 동시에 일어나서 손을 씻고 식사시간까지 30분 정도 기도를 드려야 한다. 기도는 집에서 해도 좋으나 대개는 가까운 교회에 가서 한다. 그러나 집에서건 교회에서건 기도의 말은 똑같다. 교회에 가면 다른 사람과 함께 기도할 수 있다는 이점이 있다. 심리적으로 자기 혼자서 기도하면 이기적이 되기 쉽고, 집단으로 기도하면 집단의식이 강해진다.

그러고 나서 아침식사를 하게 된다. 다시 손을 씻고 식사를 하기 직전에 또 짧은 기도를 한다. 그리고 먹는다. 만약 친지나 가족과 함께 식사를 하게 되면 반드시 탈무드에 관한 화제를 선택한다. 그리고 식후에도 또 기도를 하는데 이때 친지나 다른 사람이 있으면 소리를 내서 함께 기도한다. 그러고 나서 일하러 간다.

오후에는 정오와 일몰 사이에 대개 5분 정도의 짧은 기도를 한다. 그리고 밤에는 가까운 학원에 가서 공부한다. 유대인은 하루 중에 반드시 시간을 내어 공부하지 않으면 안 되기 때문이다.

유대인의 장례

죽은 사람에게는 경의를 표해야 한다. 죽은 사람은 항상 보호되어야 한다. 우선 몸을 깨끗이 씻긴다. 이것은 그 구역에서 가장 학식 있고 덕망 있는 사람이 한다. 그것은 유대 사회에서 대단한 영예로 생각되고 있다.

시체는 가능한 한 빨리 매장해야 하는데 언제나 화장을 하지 않고 그냥 매장한다. 원칙적으로는 죽은 다음 날 매장한다. 조금이라도 그를 알고 있던 사람은 모두 장례식에 참석한다. 그 가운데 한 사람, 예를 들어 랍비 같은 사람이 조사를 읽고, 상주가 기도문을 읽는다. 그들은 그 뒤 1년 동안 매일 공회당(시나고그)에 가서 똑같은 기도문을 읽는다. 매장이 끝나면 가족들은 집으로 돌아온다. 일주일 동안 똑같은 것을 집에서 반복한다. 거울은 모두 덮개로 씌워놓고 촛불을 계속 켠 채 열 명의 친지가 모여 마루에 앉아 기도문을 낭독한다.

상주는 일주일 동안 집 밖에 나가지 않는다. 교회에도 그 일주일이 끝난 뒤에 가는 것이다. 그 가족을 알고 있는 사람들은 일주일 동안에 그 집을 방문한다. 일주일이 지나면 가족들은 집을 나와서 집 주위를 한 바퀴 돈다.

한 달 동안은 얼굴을 씻지 않는다. 일 년 동안은 화려하고 떠들썩한 곳에 가지 않는다. 그 뒤 매년 죽은 날이 돌아오면 제사를 지낸다. 장례식에서 돌아온 가족들은 달걀을 먹는다. 누구나 친지가 죽으면 슬프지만 일주일 동안만 상을 지내고 밖에 나가는 것은 그 이상 상을 지내서는 안 된다는 것을 말하며, 슬픔이 너무 지나치면 좋지 않은 것으로 생각하기 때문이다. 그래서 일주일 뒤에는 집을 나와 집 주위를 한 바퀴 도는 것이다. 달걀을 먹거나 집 주위를 원을 그리며 돌아야 한다는 것은 처음도 끝도 없는 것과 마찬가지로 생명도 끝이 있어서는 안 되며 항상 돌고 있다는 것을 상징하는 것이다. 살아 있는 사람은 지금부터 또 살아가지 않으면 안 된다는 것을 상징하고 있다.

가장 슬픔이 큰 것은 일주일 동안이다. 그 뒤 한 달은 상을 지내기는 해도 일주일만큼 슬픔이 깊지는 않다. 다음 일 년 동안도 슬픔은 남는다. 일 년 뒤부터는 제삿날을 빼고는 상복을 입지 않는다. 일 년간 상복을 입는 것은 부친상이나 모친상의 경우뿐이며, 다른 사람은 일주일 내지 일 개월로 상을 마친다.

내 부친이 돌아가셨을 때 나는 너무나 슬퍼서 식사도 할 수 없었다. 하지만 달걀은 먹지 않으면 안 되었다. 상중의 식사는 의무로 되어 있으며 어떻게든 먹어야 한다는 데 의미가 있다. 죽은 자만이 살아 있는 인간을 지배하고 있는 것이 아니라 계속 살아가는 것이 역시 중요하다는 것을 유대인은 가르치고 있다. 자살은 큰 죄악이다.

유대에서는 부자도, 가난한 사람도, 학자도, 무식한 사람도 모두 같은 관, 같은 복장을 하고 장례식을 거행한다. 인간의 지위나 재산에 따라서 장례의 형태가 달라지지는 않는다. 요컨대 인간의 평등을 존중하고 있는 것이다. 교회에서 모두 똑같은 자세로, 똑같은 모자를 쓰고 기도하는 것도 이 때문이다.

07
성서와 유대인

유대인은 타협을 생활의 지혜로 알고 있다. 한 가정을 살펴보더라도 부모가 자식에게 지나치게 엄격히 교육하면 자식은 반항하게 될 것이고, 그렇다고 지나친 애정을 베풀면 역시 자식은 불량해진다. 이 양자를 적절히 조화시킨 교육이야말로 균형이 잡힌 교육이라 할 수 있다.

최초의 문자 ✳

「창세기」는 한글의 '그'와 비슷한 문자로 시작되고 있다.

이것은 히브리 문자로는 'B'에 해당하는 '베트'라는 문자이다. 오랫동안 유대의 랍비들과 유대인 사이에서는 알파벳의 많은 글자 가운데서 하필이면 왜 이 글자부터 성서가 시작되었을까 하는 논의가 있었다. 그 해답은 결국, 성서에서는 단 한 문자에서도 배울 수 있다는 것을 가르치기 위해서라는 것이다. 만약 맨 처음 문자에서 무엇인가를 배울 수 있다면, 거기서 나아가 한 행, 두 행, 세 행, 한 페이지, 두 페이지, 세 페이지, 한 장, 두 장, 세 장이라는 식으로 성서의 숱한 사항을 배울 수 있다고 하는 마음가짐을 제시하는 이야기이다.

그런데 히브리 문자에서 베트라는 두 번째 글자가 왜 성서의 맨 처음 문자였을까? 그것은 'A'에 해당하는 '알레프'는 '저주'라는 의미를 지니고 있는 데 반하여, 베트는 '축복'을 뜻하기 때문에 알레프를 피하고 베트를 택한 것이다.

이 문자의 모양을 보면 맨 위와 오른쪽과 아래, 이 세 곳이 닫혀 있다. 그리고 왼쪽이 크게 열려 있다.

제일 위가 닫혀 있는 의미는 다음과 같다. 즉, 제일 위에 있는 것은 하느님인지라, 하느님이 어떠한 존재인가를 평생을 소비하여 고찰해서는 안 됨을 의미한다. 또한 아래쪽 선은 죽음을 의미하므로, 그것이 닫혀 있음은 죽음에 대해 일생 동안을 소비하여 고찰

해서는 안 됨을 나타낸다.

닫혀 있는 오른쪽은 뒤쪽에 해당되는 셈인데, 이것은 과거를 상징하는 것으로 사람들은 과거에 집착하여 미래를 그르쳐서도 안 된다는 뜻이다. 왼쪽이 열려 있는 것은 이와 같은 일에 쓸데없이 구애받지 말고 앞으로 나아가라고 하는 의미이다.

그리고 '알파벳'이라 일컬어지는 말은, 이 히브리어의 'A'인 알레프와 'B'인 베트를 함께 합친 '알레프베트'가 알파벳이 되었다.

토라

하느님이 「토라」를 만드셨을 때는 한 가지 구상을 가지고 있었다. 그 계획은 「토라」에 나와 있다.

「토라」라 함은 성서의 처음 다섯 편―「창세기」, 「탈출기」, 「레위기」, 「민수기」, 「신명기」를 지칭한다.

「토라」는 정의감이 충만한 좋은 사회를 만드는 계획서이다. 그리고 계획을 보는 자는 좋은 것과 나쁜 것을 분별하는 능력을 갖추게 된다. 하느님이 만드시고자 한 세계는 정의로 가득 찬 좋은 사회이며, 그곳에 사는 사람들은 선악을 매우 현명하게 잘 분별하는 사람들이다.

「토라」 속의 「창세기」에는 하느님을 가리키는 말로 두 개의 다른 히브리어 낱말이 있다. 하나는 '정의'를 뜻하고, 또 하나는 '자비'를 뜻한다.

이것은 하느님이 세계를 정의만 가지고 만들 수 없었음을 뜻한다. 왜냐하면 고지식하게 정의만을 지키고 있으면 살아나갈 수 없기 때문이다. 지나치게 엄격히 정의를 구현하려고 하면, 만약 인간이 죄를 범하였을 경우 두 번 다시 용서를 받을 수 없게 된다.

한편, 이 세상이 자비에 의해서만 지배된다고 한다면, 결국 악의 구렁텅이에 빠져버리게 된다. 그래서 하느님은 정의와 자비를 혼합하여 세계를 만들었다.

'정의'라는 뜻의 히브리어는 '에로힘'이라고 한다. 그러나 '자비'라는 히브리어에 대해서는 그 철자는 널리 알려져 있지만 발음할 줄 아는 사람은 없다. 그 이유는 이 글자는 매우 신성하다고 생각되어 옛날 유대인들은 일 년에 한 번밖에, 그것도 예배할 때밖에는 이 말을 꺼낼 수 없었기 때문이다.

유대인 가운데는 이를 가리켜, 정의보다는 자비 쪽이 인간에게 소중하다는 것을 하느님이 가르치기 위함이라고 해석하는 사람도 있지만, 나의 생각은 다르다. 어쩌면 『구약성서』는 아주 옛날 것인지라, 그 당시에 있어서는 자비라는 낱말이 하느님의 진짜 호칭이고, 정의는 2차적인 하느님의 호칭이 아니었을까 하는 생각이 든다. 물론 『구약성서』가 쓰였던 당시, 진정 어떠한 뜻으로 이 두 가지 말이 쓰였는지는 알 수 없다. 그러나 몇천 년 동안 유대인이 이 성서를 사용하여 자신들의 한 가지 신조를 만들어냈을 때엔 '하느님'을 지칭하는 말로 정의와 자비라는 이 두 가지 낱말이 사용되고 있었다. 그것은 인간이란 정의나 자비—이 가운데는 정열이라는 의미도 담겨져 있다—어느 한쪽만으로 살아갈 수는 없고 양쪽 다 같이 동등하게 가지고 있어야만 살아갈 수 있다고 생각한 예문이 아니었을까?

만약 자비 쪽이 소중하다는 결론이 나서 따뜻한 사랑만을 가지고 인간이 살아가게 된다면 무정부주의자만 생기지 않았을까?

히브리어의 철자는 모음이 없고 자음뿐이기 때문에 진정으로 정확한 발음 방식은 알 수 없다. 그리스도교도는 이것을 '야훼'라든가 '야붸'라고 발음한다. 유대인들은 이것을 '아도나이'라고 발음하는데, 물론 그것은 옛날 그대로의 정확한 발음인지 어떤지 전혀 알 수 없다. 이렇듯 정확한 발음은 모르지만 아무튼 현재는 '아도나이'라고 발음하고 있다.

'아도나이'란 '주님'이라는 뜻의 히브리어이다. 요컨대, 누구나 정확한 발음을 할 수 없기 때문에 이 글자가 나오기만 하면, 그저 아도나이라고 부르기로 되어 있다. 하느님의 십계명 가운데서 '하느님의 이름을 함부로 부르지 말라'고 하는 하느님은, 이 자비 쪽의 하느님이 사용되고 있다.

따라서 이 '자비'라는 뜻의 하느님을 가리키는 낱말은, 예루살렘의 신전에서 일 년에 단 한 번만, 유대의 정월 초하루부터 열흘 뒤인 유대의 성일 중의 성일 때만 소리 높이 부르게 된다. 이 낱말이 외쳐지면 당시의 유대인은 신전 안에서 마룻바닥에 엎드려야만 했다.

『구약성서』가 쓰일 당시부터 하느님을 가리키는 말, '자비'라는 뜻이 있었는지 어떤지는 알 수 없다. 나의 생각으로는 '자비'라는 의미는 아니고, 다만 '하느님'이라는 뜻이 아니었는가 생각된다.

그런데 그 후 유대인이 성서와 더불어 몇천 년이나 살아오면서 성서를 공부하는 동안, 어찌하여 '정의'라는 낱말이 있는데도 따로 또 하나의 하느님을 지칭하는 낱말이 있는 것일까?

분명 이것은 '자비'를 뜻하고 있으리라 해석하였다. 그리하여 '자비'라는 뜻의 낱말이 '하느님'이 되었으리라. 그런데 '에로힘'이라는 말은 본래 정의라는 뜻을 지니고 있다. 이를 테면 재판관도 '에로힘'이라는 낱말로 불리고 있다. 자비라는 뜻의 낱말도 성서의 자비와 흔히 쓰는 자비는 서로 다른 의미일 것이다. 이것은 그 당시부터 성서에 기술되어 있는 이야기는 아니지만, 유대인은 성서의 '자비'와 '정의'를 함께 사용하는 낱말로서 다음과 같이 설명하였다.

어떤 왕이 매우 값비싼 유리잔을 가지고 있었다. 그 술잔은 뜨거운 물을 붓거나 얼음물을 부으면 깨져버린다. 그래서 왕은 언제나 뜨거운 물과 얼음물을 섞어서 부어 넣는 것이 가장 좋다고 말하고 있다.

이 이야기의 비유에서도 알 수 있듯이, 유대인은 타협을 생활의 지혜로 알고 있다. 한 가정을 살펴보더라도 부모가 자식에 대해 지나치게 엄격히 교육하면 자식은 반항하게 될 것이고, 그

렇다고 지나친 애정을 베풀면 역시 자식은 불량해진다. 이 양자를 적절히 조화시킨 교육이야말로 균형이 잡힌 교육이라 말할 수 있다.

칠계명

「창세기」에는 아담과 이브로부터 인류가 시작되어 차츰 죄를 짓게 되고, 홍수로 말미암아 인류는 전멸한다. 그리하여 지금의 인류는 노아로부터 새로 출발한 셈인데, 이 새로운 인류는 과연 성공할 것인가. 하느님은 인류가 평화롭게 살아갈 수 있도록 노아에게 칠계명을 부여하였다. 유대인은 수많은 법률을 가지고 있지만, 이 칠계명에 대해서는 인류 모두가 지켜야 한다고 생각하고 있다.

그 가운데 일부는 성서에 실려 있으며, 일부는 그 해석에서 파생된 것이다. 성서 가운데는 하느님의 십계가 실려 있는데 이것이 유대인을 위한 것이라면, 노아에게 내린 칠계명은 온 인류에게 주어진 것이라고 말할 수 있다. 그런 만큼 아주 중요한 계명이라 하겠다.

- ✠ 살아 있는 짐승을 죽여 금방 날고기를 먹지 말라.
- ✠ 남을 욕하지 알라.
- ✠ 도둑질하지 말라.
- ✠ 법을 지켜라.
- ✠ 살인하지 말라.
- ✠ 근친상간을 하지 말라.
- ✠ 간음하지 말라.

내용 그 자체는 간단한 것처럼 보이지만 4,000년 이상이나 전에 이것이 만들어졌음을 감안해야 한다. 너무 간단한 것이라 하여, 현대적 감각으로 그 중요성을 판단하면 잘못이다.

노아가 방주에서 나왔을 때 노아와 그의 아내와 세 자녀밖에 없었는데, 이 칠계명은 하느님이 노아에게 내리신 것이다.

추상

그리스도교에서는 하느님의 형상을 인간의 모양을 한 할아버지로 묘사한다. 그러나 유대인은 하느님을 인간에게 맞추어 그린 적이 없다. 고대 이스라엘에서부터 유대인은 하느님의 모습을 그림으로 그리는 일이 일체 없었다. 그것은 결국 우상숭배라고 생각했기 때문이다.

유대인은 옛날부터 추상적인 하느님의 개념을 가지고 있는지라 추상적으로 사물을 고찰하는 훈련을 쌓게 된다. 그렇기 때문에 추상적으로 다방면에 걸쳐 창조하는 힘이 저장되어, 이를테면 이론 물리학 따위의 분야에서 뛰어난 업적을 남기는 인물이 나오게 된다.

다른 민족은 예부터 손에 닿는 것, 예를 들어 성냥 따위를 손수 만들어서 파는 일에 종사해왔는데, 유대인은 무의 상태에서 무엇인가를 쌓아 어디까지 가지고 간다는 따위의 추상적인 비즈니스를 성립시키고 있었다.

가령 유대인의 아버지가 자식에게 가게를 보게 하여 하루 수입을 계산할 때, 자식이 "아버님, 오늘 제가 올린 매상은 이 정도입니다."라고 말한다. 그러면 아버지는 "네가 판 것이 아니야. 그것은 고객이 필요한 물건을 사려고 왔을 뿐이야. 고객이 필요로 하지 않은 것까지도 팔아야 돼."라고 말한다.

이것은 무슨 뜻인가? 쉬운 예를 들면, 햇볕이 쨍쨍 내리쬐는 한 여름에 우산을 파는 것과 마찬가지이다.

"가뭄이 끝나고 비가 내리는 날에 만약 우산이 없다면 곤란할 것이고, 또 언제 우산을 살까 하고 신경을 쓰는 것도 골치 아픈 노릇이니, 지금 사두는 게 좋겠지요."라고 설득하여 고객에게 우산을 하나라도 사게 할 수 있다면 진짜 상인이다. 유대의 비즈니스맨은 전부터 여러모로 계획을 짜서 갖가지 물건을 판다. 이 경우에 추상적인 사고방식은 꼭 필요하다.

선택하는 것, 선택되는 것 ───────── ✳

현대의 유대인이 하느님의 선민이라는 데에 대하여 사람들이 의혹을 가지고 있음은 사실이다. 최근 영어로 이러한 시가 지어 졌다.

하느님이 유대인을 선택하심은 참으로 기묘한 노릇이 아닌가 하지 만 그것은 유대인이 숱한 하느님 가운데서 올바른 하느님을 뽑은 것 인지라 기묘한 일은 아니로다.

이것은 유대인 시인이 지은 것이므로 자화자찬으로 받아들여 질지도 모르겠으나, 결코 하느님이 유대인을 선택한 것이 아니고, 유대인이 하느님을 선택했다는 점이 중요하다.

이를테면 경찰이 제복을 입고 어떤 임무를 수행하고 있다 하더 라도, 경찰이 다른 사람보다 유달리 뛰어나다고는 말할 수 없다. 마찬가지로 유대인이 하느님에게 뽑힌 백성이라 함은 다만 한 가 지 임무가 주어졌다는 것에 지나지 않으며, 결코 다른 민족보다 뛰어나다고 생각해서는 안 된다.

하느님은 다른 민족에게도 선민이 되라고 하며 돌아다녔다. 그 러나 '살인하지 말라'든가, '도둑질하지 말라'고 하는 십계를 지켜 야 됨을 알자 모두들 꽁무니를 뺐다. 그리하여 결국 유대인에게 차례가 돌아온 것이라고 구전에는 적혀 있다.

하느님으로부터 유대인에게 부여된 역할은 두 가지가 있다. 우선 온 세계 사람들에게 유일신의 존재를 가르칠 것, 둘째로 평화를 가져오게 하는 일이다. 유대인 사이에는 다음과 같은 우스갯소리가 있다.

유대인이 하느님에게 가서 "우리들은 당신이 뽑으신 백성이겠죠?"라고 말하니, 하느님은 "그야 그렇고말고." 하고 대답한다. 그러자 유대인은 다시 "그렇다면 저희들은 뽑히지 않아도 좋으니, 다른 백성을 뽑아주세요."라고 말하였다고 한다.

이 뜻은 유대인은 하느님에게 뽑힌 백성이라고 말하였기 때문에 너무나 많은 고난을 겪어왔다는 말이다.

우선 아담과 이브가 실패했고, 바벨탑에서 실패했고, 노아의 시대도 성공하지 못했다. 하느님은 인간이 지상에서 올바른 세계를 실현할 수 있다고 믿고 옳은 행동을 제시하기 위하여 한 민족에게 그와 같은 역할을 부여했기 때문에, 만일 온 세계가 올바른 행동을 하게 되면 유대인은 선민이라는 의식을 버려야 한다고 대부분 생각하고 있다.

사바스

유대인은 토요일 아침에는 아주 가벼운 식사를 한다. 이때 먹는 삶은 달걀도 금요일 아침에 삶아진 것이며, 물론 더운 물도 금요일에 끓인 물이다. 또한 항상 데워두기 때문에 요리도 더운 물도 식지는 않는다.

토요일 아침에는 우선 시너고그Synagogue(유대교회당)로 나간다. 자녀들은 모두 남편이 데리고 간다. 아내는 남편이 데리고 가면 함께 가지만, 갓난아기가 있기라도 하면 나서지 않는다. 왜냐하면 아이를 보아주는 하녀도 그날은 일을 하지 않으므로 어머니가 아기의 뒷바라지를 해야 되기 때문이다. 그래서 아내는 대개 마지막 15분 정도만 참석하는 게 보통이다.

유대 가정에서 아내는 가정을 지키는 일을 매우 중요시한다. 이를테면 자녀들에게 나는 오늘 시너고그에 가야 되겠으니 너희들은 집에 있어 달라는 말은 결코 하지 않는다.

시너고그에서는 남자와 여자가 엄격히 구별된다. 미인의 옆에라도 앉게 되면 정신 집중이 제대로 되지 않기 때문이다.

이것은 시너고그 안에서는 하느님이 여성을 지켜주고 있다는 사고방식에 근거한다. 장소에 따라서는 1층, 2층으로 나뉘어져 여성들이 2층으로 올라갈 때도 있고, 더러는 사이에 커튼을 드리우는 경우도 있다. 요컨대 시너고그 안에서는 남편이 아내를 지킬 필요가 없으므로, 남녀가 따로 있더라도 하느님이 여성을 지키고 있다는 발상이다. 시너고그 안에서는 아주 민주적이다. 누구나 '키파'라고 하는 똑같은 모자를 쓰고, 같은 노래를 부르고, 같은 기도를 올린다. 신분의 상하 따위는 전혀 없다.

사바스 날에 외는 기도문은 다른 기도문과는 다르다. 가장 중요한 「토라」를 읽는다.

11시에서 12시 무렵이 되면 집으로 돌아온다. 그리고 점심을 들게 된다. 이 점심식사는 오븐 속에 금요일 낮부터 담아두었던 음식이다. 이를테면 큼직한 단지 같은 것을 오븐 속에다 넣고, 거기에는 쇠고기며 채소며 그 고장에서 재배되는 채소를 듬뿍 넣는다. 이것을 24시간 부글부글 끓였기 때문에 모든 것이 부드럽게 융합되어 맛이 썩 좋다.

히브리어로는 '하밈'이라고 불리는 요리인데 스튜와 비슷하다. 나의 아내는 중근동 출신이고 나는 헝가리 출신이므로, 제각기 다른 '하밈'의 요리 방식이 있다. 그러니까 하밈은 각 지방마다 맛이 다른 셈이다.

토요일 오후는 낮잠을 자도록 의무화되어 있다. 대개 30분 내지 1시간가량인데, 토요일의 낮잠만큼 기분이 좋은 것은 없다. 이 단잠으로 인해 새로 시작되는 한 주일의 에너지가 축적되는 것이다. 그리고 나서 근처에서 살고 있는 친구네 집을 방문하기도 한다. 자녀들이 웬만큼 자랐으면 아버지는 자녀들과 함께 공부를 해야 한다. 아버지는 자녀가 한 주일 동안 배운 과목을 다시 복습시킨다. 특히 이때 아버지는 탈무드를 가르치게 된다.

날이 어두워지면 사바스는 끝이 난다. 해가 진 뒤 대충 40분이 지나면 사바스는 완전히 끝난 셈이 된다. 사바스가 끝나면 2분가량 간단한 의식이 치러진다.

이때 모두 포도주를 마시고 향료를 맡는다. 두 개 이상의 불이 켜지는데, 새끼처럼 꼬인 초가 사용된다. 한 자루뿐만 아니라 두 자루, 네 자루, 여섯 자루나 되는 커다란 촛불을 한꺼번에 켜는 까닭은, 이윽고 새로운 일이 시작된다는 의미이다. 그때 사용되는 촛대에는 '안식일은 영원토록 거룩하리라' 등의 말이 새겨져 있다.

자유

하느님의 십계를 이용하여 내린 유대인이 지켜야 할 갖가지 규율 가운데는 '무엇을 해서는 안 된다'라는 부정의 형식이 많다. 하느님의 십계에는 일곱 가지 부정적인 금지 조항이 있고, 세 가지만 장려하는 조항으로 되어 있다.

유대인의 사고방식으로는 '무엇 무엇을 하라, 무엇 무엇을 하라'는 명령조만 늘어놓으면 인간은 자중을 잃어버리고 만다고 생각한다. 거꾸로 '이것만은 하지 말라'고 한다면, 나머지는 전부 자유이므로 진보를 기대할 수 있다는 이야기이다.

금기 사항이 많다는 것은 무척 부자유스런 느낌이 들지도 모르겠으나 인간의 행위는 그보다 훨씬 다양하기 때문에 실은 이쪽이 훨씬 자유롭다.

인간이 만들어질 때, 하느님으로부터 나온 최초의 명령은 '생육하고 번성하여 땅에 충만하라'(창세기 1장 28절)는 말씀이었다. 따라서 유대인 사이에서 성은 결코 죄가 아니다. 두 번째 명령은 '바다의 물고기와 하늘의 새와 땅에 움직이는 모든 생물을 다스리라'(창세기 1장 28절)고 했다. 다시 말하면, 세계를 자기 소유로 하라. 세계를 파악하고 인간의 모든 지혜를 짜내라. 요컨대 진보하라는 명령이었다.

교육하는 어머니

유대인의 어머니들은 교육에 대한 열의가 대단하다. 그러나 이 열의는 자녀가 일정한 나이에 달한다거나 입시를 치러야 한다거나 해서 갑자기 생긴 것이 아니므로 압박감은 없다. 교육이란 오랜 세월에 걸친 전통인 동시에 유대적 생활양식의 하나이다.

100년 전에 미국에서 최대의 갑부라고 일컬어지던 한 유대인이 맨해튼 섬을 몽땅 사라는 제의를 받았다. 그는 맨손으로 미국으로 건너와 20년간 일하여 큰 부자가 된 사람이다.

그는 그 맨해튼 섬을 사지 않았다. 그는 필시 자기가 거주하는 저택마저 사지 않았으리라.

이 일화는, 유대인은 항상 이동할 준비를 갖추라는 신조를 지니고 있음을 시사하고 있다. 유대인은 박해를 받은 역사가 매우 길었으므로, 만일 다급한 일이 일어났을 때는 재산도 아무 소용이 없음을 스스로의 체험을 통해서 잘 알고 있다. 게다가 오랜 세월 유대인은 유럽에서 사유재산이 금지되어 있었다. 물론 유대인 자신도 부동산을 유럽에 가지고 있는 것은 가장 어리석은 짓이라고 생각했다. 그런 것을 가지고 있으면 만일 박해를 받게 되어도 피신할 수 없기 때문이다. 따라서 조금이라도 정치 상황이 불안한 나라에서는 유대인은 절대로 부동산을 사는 법이 없다.

이 같은 사정으로 유대인은 자식이나 학문을 영원한 재산으로

지닐 것을 체득해온 것이다. 이러한 역사적인 훈련을 통해 금전이
란 것도 아주 커지면 추상적인 것으로 생각하게 되었다.

천사 ⎯⎯⎯⎯ ✳

유대인의 머릿속에는, 그리스도교도가 믿는 것과 같은 천사도 악마도 존재하지 않는다.

천사에 해당하는 히브리어는 '마우쓰하'라고 발음되고, 이것은 '사자'라는 뜻도 지닌다.

『구약성서』에 등장하는 천사는 거의 실재하는 인간을 하느님이 사자로 정한 것이거나, 아니면 그에 가까운 형태일 따름이다. 그것은 결코 그리스도교도가 말하는 천사가 아니다. 유대교에서 하느님은 친척도 동료도 없는 외로운 존재이다. 유대인으로서는 괴로움도 시름도 경우에 따라서는 유익한 구실을 하는 것으로 생각되고 있다. 이를테면 사람이 죽지 않는다면 세계는 어떻게 될까. 사철이 있기에 나무는 시들고, 물고기며 고양이며 개도 언젠가는 죽는다. 만물에는 끝이 있다. 인간이 죽지 않는다면 많아져서 감당을 못 한다.

악이라는 부정적인 것이 어떠한 역할을 하고 있는가는 에덴동산을 찾아가면 알 수 있으리라. 하느님은 세계를 창조하셨다. 그다음은 인간이 자신들에게 알맞도록 세계를 만들어나가야만 한다. 이를테면 하느님은 빵을 만들지 않았지만 밀을 만들었다. 인간도 이 세계를 보다 좋게 하기 위하여 만들어졌다. 밀은 잠재적인 빵이며, 인간도 하나의 가능성을 지닌 잠재적인 원료이며, 그 밖의 자연도 역시 마찬가지이다. 우리들은 동물적인 요소도 가지고 있지만, 가능성이라고 하는 하나의 신성함도 가지고 있다.

08

인간의 조건

탈무드적 인간의 원점 —————— ※

　여기에서 두 사람의 유대인 망명자에 대해 언급해보고자 한다. 두 사람 다 주머니에 동전 한 닢 없는 알몸으로 고향을 쫓겨나 미국으로 건너왔다. 그리고 두 사람은 미국에서 최고의 각료가 되었다.

　한 사람은 재무장관을 지낸 바이첼 브루멘솔이다. 그는 나치 독일에 쫓겨 배편을 이용하여 중국 상해로 도망쳐 갔다가 당시의 일본 관헌의 보호를 받아 미국으로 건너갈 수 있었다. 또 한 사람은 헨리 키신저이다. 키신저 일가도 나치에 의해 독일에서 쫓겨나 무일푼으로 미국에 도착했다. 그리고 누구나 다 잘 알고 있는 것처럼 하버드 대학의 교수가 되었고, 대통령 특별보좌관을 거쳐 국무장관으로까지 승진하였다.

　망명자로부터 미국의 각료가 된다는 것은 대단한 일이 아닐 수 없다. 그들 두 사람은 모두 탈무드적 발상의 철학을 간직하고 있었다. 이 탈무드적 발상이야말로 두 사람의 성공을 가능하게 했다고 할 수 있을 것이다.

　그런데 이 탈무드적 발상의 밑바닥에 흐르고 있는 착상은, 동전에는 반드시 표리의 두 면이 있는 것과 마찬가지로 현재라는 이면에는 과거가 있으며 미래는 현재와 표리의 관계에 있다는 것이다. 아무리 어두운 경우라도 밝은 면이 있으며, 밝은 경우에도 부분적인 어두움이 있다고 보는 것이다.

요컨대 모든 사물, 그리고 모든 문제에는 언제나 두 가지 면이 있다는 것이다. 『탈무드』의 금전에 대한 항목 가운데에는 '돈(동전)은 사람들 사이에 굴러다니니까 둥글다'고 하는 격언도 있는데, 동시에 '모든 사물은 동전과 같이 두 면(표리)이 있다'고 하는 말도 있다. 이 표리라는 사고방식을 시간의 문제에 적용시키면 어떻게 될까? 그것은 과거와 현재, 그리고 미래라고 하는 것이다.

또한 『탈무드』의 다른 페이지를 넘겨보면 '보트의 노를 저어 앞으로 나아가기 위해서는 뒤를 보고 앉아야만 된다'는 말도 있다. 이것도 또한 전진하기 위해서는 과거를 배우는 일의 소중함을 가르쳐주는 말이다.

이 탈무드적 발상을 몸소 실천한 한 사람을 소개하고자 한다. 영국에서 하층계급에 속하는 생활을 하고 있었던 유대인 일가가 있었다. 이 일가는 동유럽의 포그롬에서 박해를 피해 이주해왔다. 양친은 손수레에 장화를 실어 끌고 다니면서 행상으로 생계를 이어가고 있었다.

아이가 열한 명이나 있었는데 열 번째 아들은 머리가 아주 좋고 활력이 넘쳤다. 그러나 학교 성적이 너무 나빴고 어느 학교로 옮겨도 성적이 뒤졌다. 그 아이는 단지 학교의 수업방식에 적응하지 못하였기 때문이다.

이와 관련해서 비슷한 예로 아인슈타인이 있다. 그도 또한 유대인이다. 천재의 대명사처럼 되어 있는 그도 학교에서는 항상 낙제점에 가까운 점수만 받았다.

아마도 틀에 박힌 듯한 학교 규칙에 적응하지 못한 사람 중의 한 사람이었을 것이다. 만약 아인슈타인이 평범하고 성실한 학생이었다면 나중에 대성하지 못했을지도 모른다.

아인슈타인이 초등학교 1학년 때의 일이었다. 담임인 여교사는 성적표에 다음과 같이 기입하였다. '이 아이가 장래에 성공한다는 것은 절대 있을 수 없는 일이다.' 세계 교육사상 이처럼 평가를 잘못한 사람도 없을 것이다.

이 에피소드는 모든 고정화된 개념으로부터는 위대한 것은 아무것도 생길 수 없다는 점을 말해주고 있다.

런던의 유대인 일가의 아이 이야기로 돌아가자. 그 아이가 고등학교를 졸업했을 때 부친은 그 아들에게 선물을 주었다. 유대인은 이렇게 한 시기를 매듭지을 때에는 반드시 선물을 하는 습관이 있다. 부친은 아들에게 극동으로 가는 배의 3등 선실 편도 표를 선물로 주었다.

그때 부친은 자기 아들에게 두 가지 조건을 붙였다. 하나는 금요일의 사바스가 시작되기 전에 반드시 어머니에게 편지를 쓰라는 것이었다. 그것은 어머니를 안심시키기 위해서였다. 두 번째는 부친 자신이 나이도 먹었고, 또 열 명의 형제자매가 있으니 집

안 살림에 도움이 될 만한 일을 여행 중에 생각해주기 바란다는 것이었다.

이 아들은 18세의 나이로 런던에서 혼자 배를 타고 인도·태국·싱가포르를 거쳐 극동으로 향했다. 그는 도중에 아무 데에도 내리지 않고 배의 행선지 종점인 일본의 요코하마까지 곧바로 갔다. 이것은 1880년대의 일이었다.

그는 주머니 속에 넣어둔 5파운드의 돈 이외에는 아무것도 가지고 있지 않았다. 5파운드라고 하면 대체로 지금의 10만 원 정도의 돈이었다. 일본에는 물론 아는 사람이라고는 한 사람도 없었고, 기거할 집도 없었다. 또 그 시대에는 일본에 있는 외국인이라야 기껏해야 요코하마와 도쿄 등지에 사는 수백 명에 지나지 않았다.

그는 소우난의 해안에 도착하여 금방 주저앉을 것 같은 무인 판잣집에서 처음 며칠 동안을 지냈다. 거기에서 그가 이상하게 여긴 것은 매일 일본인 어부들이 물가의 모래를 파고 있는 모습이었다. 눈여겨보았더니 그들은 모래 속에서 조개를 캐고 있었다. 손에 들고 보니 굉장히 아름다운 조개였다.

그는 이런 조개를 여러 가지로 가공하거나 손을 대면 단추라든가 담배 케이스 등 아름다운 상품이 되지 않을까 하고 생각했다. 그래서 자기도 열심히 조개를 줍기 시작했다. 그 이후로 조개를 가공해서 부친에게 보내면 부친은 손수레에 싣고 런던 거리에서 팔고 다녔다. 당시의 런던에서는 이것을 진기하게 여겨 날개 돋친 듯이 팔렸다.

얼마 후 부친은 손수레를 끌고 다니면서 팔던 장사를 그만두고 조그마한 가게 하나를 얻을 수 있었다. 이 가게가 2층집이 되고, 다음에는 3층집이 되었고, 나아가서는 처음에 런던의 빈민가인 이스트엔드에 있었던 점포를 웨스트엔드로 옮기는 등 이 조개껍질을 밑천으로 한 장사는 나날이 번창해나갔다.

그 사이에서도 일본에 있었던 그의 아들은 상당한 돈을 저축할 수 있었다. 이 청년의 이름은 마커스 사무엘, 히브리어 이름으로 모르데카였다.

그 무렵 온 세계의 비즈니스맨 사이에서 가장 큰 화제가 되어 있었던 것이 석유였다. 때마침 내연기관이 등장하였고, 석유의 수요가 급증해가고 있었다.

록펠러가 석유왕이 된 것도 이 시대였으며, 러시아 황제도 시베리아에서 석유를 탐사케 하고 있었다.

조개껍질 장사로 크게 성공한 사무엘도 이 석유의 채굴에 눈을 돌려 1만 파운드를 자본금으로 하여 계획을 세웠다. 자신은 석유에 대한 지식이 전혀 없었지만, 다른 사람들과 상의하여 인도네시아 근처라면 석유가 나오지 않을까 생각하고 인도네시아에서 석유 탐사를 시작했다. 육감이 맞았던지 아니면 행운이었던지 어쨌든 제대로 들어맞아 석유를 채굴할 수 있게 되었다.

당시의 인도네시아는 석유를 난방용으로 쓸 필요도 없었고, 또 어두워지면 활동을 하지 않았기 때문에 석유의 판매처는 어딘가 다른 데에서 구해야만 했다.

그래서 그는 라이징 선 석유 주식회사를 설립하여 일본에 석유를 판매하기 시작했다. 그 무렵 일본에서는 석유류로 난방을 하거나 조명을 밝히는 것은 혁명적인 일이었다. 이 장사도 역시 대성공을 거두었다.

석유를 인도네시아에서 일본까지 어떻게 운반할 것인가 하는 문제는 골칫거리였다. 처음에는 2갤런들이 깡통으로 운반했는데 원유를 운반하면 선박이 더러워지므로 운반 후 씻는 일이 큰 문제였다. 그리고 또 화재 위험도 크다는 이유로 선박회사에서 원유 운반을 꺼려했고, 운반한다 하더라도 운반비가 엄청나게 많이 들었다. 그래서 사무엘은 자기 스스로 연구한 끝에 세계 최초의 유조선을 고안했다. 그리고 그는 세계에서 첫 번째로 유조선의 선주가 되었다.

그는 자기 소유의 유조선마다 일본의 해안에서 자기가 캐냈던 조개 이름을 붙였다. 이 일에 대해서 그는 다음과 같이 기록하고 있다.

"나는 가난한 유대인 소년으로 일본의 해안에서 혼자 조개를 줍던 과거를 결코 잊지 않는다. 그 덕분에 오늘날 백만장자가 될 수 있었다."

그러나 그의 석유 사업이 성공하면 할수록 영국인 사이에서는 유대인이 석유업계에서 군림하고 있다는 데 대한 반발이 강해져, 마침내 이 회사를 팔지 않을 수 없게 되었다. 당시 영국은 막강한 해군을 가지고 있었는데, 그 함대에 사무엘이 석유를 공급하고 있었기 때문이다.

사무엘은 회사를 팔지 않으면 안 되게 되었을 때, 몇 가지 조건을 내세웠다. 그 하나가 소수 주주라 할지라도 반드시 그의 핏줄이 되는 사람이 간부로 회사에 들어갈 수 있게 할 것, 그리고 이 회사가 존속하는 한 조개를 상표로 할 것이었다.

그것으로 그는 항상 자기의 과거를 기념하고 싶었기 때문이다. 이 조개 마크를 붙인 석유회사야말로 지금 세계 각국 어디에서나 볼 수 있는 쉘 석유이다.

사무엘도, 브루멘솔도, 또한 키신저도 『탈무드』에서 배워 인생을 참되게 사는 지혜와 용기를 자기의 것으로 만들었으며 탈무드적 발상을 할 수 있는 사람들이다. 특히 사무엘의 인생을 사는 방법에는 오늘날 동양의 샐러리맨이 배워야 할 시사적인 교훈이 내포되어 있다.

오늘의 세계는 불확실성의 시대라고 하는데, 이 '불확실성'의 원인은 과거와 현재 사이에 올바른 균형이 잡히지 않고 있는 데서 온다. 자신의 과거는 사무엘뿐만 아니라 누구에게나 큰 자산이 된다. 그리고 미래에 대해서는 누구나 잘 모르고 있으므로 자기의 과거에 대해서 자신을 갖는 것은 누구에게나 절대로 필요한 일이다. 자기가 굉장히 고독하고 자기 눈앞에 열려 있는 상황이 어떤 처지일지라도, 자기가 이제까지 걸어온 과거 속에서 자신감과 긍지를 발견하고 그것을 의지하며 살아나갈 수 있기 때문이다.

이것은 무엇을 뜻하느냐 하면 중론, 곧 다수의 의견이 반드시 옳다고는 결코 볼 수 없으며, 설사 단 한 사람이라도 자기가 옳으면 옳다고 하는 자신을 가져야 한다는 것이다. 여기에서 개체로서의 신선한 발상이 생긴다.

유대인에게는 많은 적이 있다. 그러나 이것은 유대인 개개인의 탓이 아니다. 따라서 유대인은 만약 주위 사람이 자기 적이 된다고 해도 그것은 자기 탓이 아니다. 그들이 그러한 태도를 취하는 것은 그들의 문제이지 자기 문제는 아니라고 명쾌하게 결론을 지어버린다. 자기가 언제나 옳고, 자기 외에는 신뢰할 자가 없다고 생각하여 자기를 중심에 둔 생활을 보내고 있다.

거기에 비하면 동양인은 고독에 빠져 있다. 집단으로 일을 하고 있는 것처럼 보이면서도 사실은 자신이 없고 고독하며, 언제나 초조하다. 예를 들어 동양인이 담배를 피우는 모습, 술 마시는 모습, 혹은 노래 부르는 모습을 보면 그로써 고독이나 초조감을 해소시키기보다는 균형을 잃고 비틀거리고 있는 것처럼 보인다.

이것은 동양인이 자기중심의 생활을 보내고 있지 않기 때문에 생활 안에 단층이 생기는 까닭이라 하겠다.

이런 방식으로 살아나가면 긍지와 맞서는 용기, 혹은 기회를 잡고 과감하게 자기를 주장하고 그것을 내 것으로 만든다고 하는 대담성을 가질 수 없게 된다.

유대인이 어떻게 자기 인생에 자신을 갖느냐 하면, 유대 민족은 위대하다는 것을 기술한 『탈무드』를 열심히 탐독하기 때문이다.

훌륭한 고전이나 문학은 단지 비즈니스 면에서의 기지를 신장시키는 데 도움이 되는 것만은 아니다. 비즈니스라고 하는 것은 원래 인간 사회에 있어서의 승부이므로, 개체로서의 자기를 확립시킬 필요가 있다. 조용한 자신감은 언젠가는 겉으로 나타나는 법이다. 그러기 위해서는 한 민족으로서의 전통을 확실하게 배우고, 거기에서 민족의 긍지를 이해해서 자기 자신이 자랑할 만한 인간이라고 하는 자신을 확립하는 일이다. 그것이 저절로 비즈니스의 재치와 결부될 것이다.

풍부한 아이디어의 보고

탈무드적 인간이라 하면 어떤 형의 인간을 말하는 것인지 다시 한번 열두 가지 항목으로 정리해보자.

- ✖ 늘 배워라. ― 그렇다고 수동적으로 습득하는 자세를 취해서는 안 된다.
- ✖ 자주 질문하라. ― 이것은 결코 다른 사람에게 질문하는 것만을 권장하고 있는 것이 아니다. 항상 호기심의 불꽃을 꺼지지 않게 하고, 책을 읽을 때나 혼자 눈을 감고 생각에 잠겨 있을 때에도 질문을 계속 가지라는 것이다.
- ✖ 권위를 인정하지 말라. ― 사물에 대해서 항상 의심하라. 모든 발전은 기존의 권위를 부정하는 데서 출발한 것이다. 인간에게는 곧 인정해버리지 않는 오만한 데가 있어야 한다.
- ✖ 자기를 세계의 중심에 두어라. ― 이것은 타인을 경멸하라는 말이 아니다. 자기를 소중하게 여기는 사람은 다른 사람도 소중하게 대한다. 그리고 이제까지 세계의 모든 발전은 자신을 존중하는 사람에 의해서 출발되었다.
- ✖ 폭넓은 지식을 가져라. ― 자기가 받아들인 갖가지 지식은 저절로 상호 간에 작용하여 풍성한 연상력을 길러내고 육감을 날카롭게 한다.
- ✖ 실패를 두려워하지 말라. ― 실패를 좌절이라고 생각해서는 안

된다. 그 이면에는 성공이 깃들어 있다. 성공과 실패는 표리의 관계에 있다. 그만큼 가까워졌다고 생각해야 한다.

✠ 현실적이어야 한다. ─ 될 수 있는 대로 자연스럽게 살아야 한다. 가능성과 함께 한계를 알아야 한다. 인간은 하늘과 땅에 동시에 속해 있는 존재이다. 어느 한쪽에 속하려고 해서는 안 된다. 무리를 해서는 안 된다.

✠ 낙관적이어야 한다. ─ 내일이란 새 발전을 써 넣어야 할 백지와 같은 것이다. 자기 내부에도 언제나 흰 종이가 마련되어 있다. 여유를 갖고 그 백지를 메워나가라.

✠ 풍부한 유머를 가져라. ─ 웃음은 의외성에 의해서 초래된다. 사물에는 항상 뜻밖의 또 한 가지의 견해가 있다.

✠ 대립을 두려워하지 말라. ─ 발전은 대립에서 생긴다. 자기 견해에 찬성하지 않는 사람도 소중히 해야 된다.

✠ 창조적인 휴일을 보내라. ─ 인간의 진가는 어떻게 휴일을 보내느냐 하는 것으로 가름할 수 있다.

✠ 가정을 소중히 하라. ─ 집은 자기를 키우는 성이다. 자기를 중심으로 한 생활을 영위하기 위해서는 자기의 성을 소중히 해야 된다.

지금까지 동양에서도 탈무드적 인간이 성공한 예는 많았으리라고 생각한다. 다만 탈무드적 인간은 호감을 사지 못했다. 그래서 조직 안에서 성공한 탈무드적 인간은 자기가 그렇다는 것을 교묘하게 숨기고 있었다. 종래의 확실성이 높았던 시대에는 조직의 부품이 될 수 있는 인간을 환영했기 때문이다. 이제까지의 어떤 기업은 군대와 비슷했다고 생각한다. 군대에서는 지성적인 인간을 싫어한다. 주어진 부서에만 정통한 인간이 높이 등용되었다. '불필요한 지식'을 갖고 있거나 비판적인 인간은 제재를 당해왔다. 말하자면 '단세포적 인간'이 환영을 받았던 것이다.

그러나 탈무드적 인간은 자기 자신이 하나의 조직이다. 여러 가지 다양하고 이질적인 생각을 많은 서랍에 넣어두고, 상황이 변하면 그 상황에 맞추어 서랍을 연다. 열 개의 서랍을 가지고 있는 사람이 종래의 조직적 인간이라면, 탈무드적 인간은 수천 개의 서랍을 가지고 있는 것이다.

자기 안에 많은 아이디어를 가지고 있으면 그 아이디어가 서로 경쟁을 하게 된다. 무의식중에 서로 경쟁을 하고 서로 부딪쳐서 그 결과로 하나의 발상이 되어 겉으로 나타난다. 탈무드적 인간에게는 가지고 있는 지식이 많으면 많을수록 좋다. 지식은 무엇이든 사용하기에 따라 지극히 중요한 것이다.

또 탈무드적 인간은 자기 전문 분야를 가지고 있어도 그것이 유일한 분야는 되지 않으며 여러 가지의 것에 호기심을 갖는다.

하나의 분야라고 하는 것은 대학이나 연구소에서 편의적으로 그 분야의 선을 긋는 것이며, 현실의 세계는 결코 그렇게 단순한 것이 아니기 때문이다. 현실의 세계는 좀 더 많은 여러 가지 상호 관련을 갖는 복잡한 세계이다.

동시에 두 가지 이상의 일에 관심을 갖는다고 하는 것은 단지 지식의 양을 증가시킨다는 뜻만은 아니다. 호기심을 한층 더 왕성하게 하고 날카롭게 하는 데에 도움이 된다. 이 경우 두 가지 분야가 이질적일수록 상호 자극하는 효과가 크며 두 가지보다는 세 가지, 세 가지보다는 네 가지가 더 좋다. 자기 안에 두 사람 이상의 자기를 육성하여야 한다.

탈무드적 인간은 다양하고 다채로운 인간이다. 특히 오늘날과 같이 사회가 역사상 유례없는 풍요에 의해 다양해졌고 모든 사상이 상관관계로 파악되어 종합적인 지식이 요구되고 있는 시대에는, 설령 지금까지 자기가 관심을 갖는 일이 없었던 분야까지도 음미해볼 필요가 있다. 그러다 보면 호기심 때문에 자기 분야가 또 하나 더 늘어나게 될지도 모를 일이다. 그러므로 새로운 분야를 경험해보는 것이다.

'두 마리의 토끼를 쫓다가 한 마리도 잡지 못한다'는 말이 있으나, 오늘날에는 '토끼 한 마리를 쫓는 사람보다는 두 마리, 네 마리를 쫓는 사람이 한 마리의 토끼라도 얻을 수 있는 확률이 높다'

고 바꾸어 말해야 할 것이다. 탈무드적 인간은 항상 동시에 두 마리 이상의 토끼를 쫓는다.

그러나 얄팍한 지식의 소유자로 그쳐서는 안 된다. 무엇이든 알고 있다는 데에 안주해서는 안 된다. 몇 가지 분야에 대해서 꽤 깊은 관심을 갖고 상당한 지식이 있어야 한다. 수동적으로 흡수한 지식의 양이 많다고 하더라도 재치는 생기지 않는다. 자기 스스로 구하고 자기 나름대로 해석하는 것이 중요하다.

폭넓게 많은 지식을 갖고 있는 것을 팔방미인이라고 하여 경멸해온 것은, 지금까지 대학을 지켜온 머리가 굳어버린 학자들이었다. 자기를 지키기 위해서 그렇게 해온 것이다. 거기에다가 그들은 육감도 뛰어나다.

탈무드적 인간에게 빼어놓을 수 없는 것은 날카로운 직감이다. 그러나 직감이란 선천적으로 갖추어져 있는 것이 아니다. 자기 안에 축적해놓은 풍부하고도 이질적인 지식이나 아이디어가 무의식중에 서로 부딪치고 경쟁을 하여 훌륭한 발상을 낳게 되는 것이다.

전혀 글자를 읽지 못하는 문맹자라도 직감이 아주 날카로운 사람이 있다. 이러한 사람들은 사실상 지적인 직감이 날카로운 탈무드적 인간과 공통적인 면이 있다.

그것은 가지고 있는 서랍이 많다는 것이다. 전혀 학교 교육을 받지 않은 사람이 생활의 갖가지 장면에서 직감이 좋다고 한다면, 그 사람은 그 사람 나름대로 풍부한 인생의 경험을 쌓고 있는 셈이다. 경험이라고 하는 서랍이 없는데도 직감이 좋다고 하는 것은 있을 수 없는 일이다.

그와 마찬가지로 가능한 한 많은 지식이나 아이디어를 가지고 있는 사람이 날카롭게 갈고닦은 직감을 갖출 수 있는 것이다. 그리고 새로운 문제가 일어나도 그에 대한 해결의 실마리를 곧 자기 안에서 끌어낼 수 있다. 이것은 비유해서 말하면, 지식이나 아이디어를 축적한 서랍을 많이 가지고 있는 사람은 자기 안에 세금 없는 자유시장을 설치하고 있는 것이나 마찬가지다. 지식이나 아이디어는 상품과 같은 것이어서 서로 경쟁을 한다. 그 결과 좋은 것이 나쁜 것을 쫓아내 버린다. 또한 지식이나 아이디어를 조금밖에 가지고 있지 않은 사람은 빈약한 시장을 형성하고 있는 것과 같다. 별로 경쟁이라는 것이 없으므로 당연히 활동이 저조해지지 않을 수 없다.

이러한 경우 유연한 정신을 가지고 있느냐 없느냐 하는 것도 중요한 열쇠가 된다. 이 책에서 나는 유대인은 '고지식'이라고 하는 것을 배척한다고 강조해왔다. 고지식하다는 것은 뒤집으면 편협과 통한다. 따라서 경직화해버린다. 아무리 지식이 자기 안에 축적되어 있다 하더라도 고지식하다면, 이것은 통제경제를 자신

속에서 실시하고 있는 것이나 마찬가지다. 그리고 자기 안에서 지식이나 아이디어가 자유경쟁을 하는 일이 없어져 고지식함은 광신의 길로도 이어지는 것이다.

불멸의 지혜

초판 1쇄 인쇄 2024년 3월 11일
초판 1쇄 발행 2024년 3월 15일

지은이 마빈 토케이어
역자 이 에스더
펴낸이 이효원
편집인 강산하
마케팅 추미경
디자인 페이퍼 컷 장상호(표지), 이수정
펴낸곳 탐나는책
출판등록 2015년 10월 12일 제2021-000142호
주소 경기도 고양시 덕양구 삼송로 222, 101동 305호(삼송동, 현대헤리엇)
대표전화 070-8279-7311   **팩스** 02-6008-0834
전자우편 tcbook@naver.com

ISBN 979-11-93130-49-0 03190

*값은 뒤표지에 있습니다.
*잘못된 책은 구입하신 서점에서 교환해드립니다.